에듀윌과 함께 시작하면,
당신도 합격할 수 있습니다!

오랜 직장 생활을 마감하며 찾아온 앞날에 대한 막연한 두려움
에듀윌만 믿고 공부해 합격의 길에 올라선 50대 은퇴자

출산한지 얼마 안돼 독박 육아를 하며 시작한 도전!
새벽 2~3시까지 공부해 8개월 만에 동차 합격한 아기엄마

만년 가구기사 보조로 5년 넘게 일하다, 달리는 차 안에서도
포기하지 않고 공부해 이제는 새로운 일을 찾게 된 합격생

누구나 합격할 수 있습니다.
시작하겠다는 '다짐' 하나면 충분합니다.

마지막 페이지를 덮으면,

**에듀윌과 함께
공인중개사 합격이 시작됩니다.**

14년간 베스트셀러 1위
에듀윌 공인중개사 교재

기초부터 확실하게 기초/기본 이론

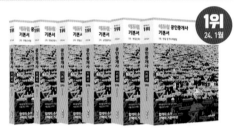

기초입문서(2종)

기본서(6종)

출제경향 파악 기출문제집

단원별 기출문제집(6종)

다양한 출제 유형 대비 문제집

기출응용 예상문제집(6종)

<이론/기출문제>를 단기에 단권으로 단단

단단(6종)

부족한 부분을 빠르게 보강하는 요약서/실전대비 교재

1차 핵심요약집+기출팩
(1종)

임선정 그림 암기법
(공인중개사법령 및 중개실무)(1종)

오시훈 키워드 암기장
(부동산공법)(1종)

심정욱 합격패스 암기노트
(민법 및 민사특별법)(1종)

7일끝장 회차별 기출문제집
(2종)

실전모의고사 완성판
(2종)

합격을 위한 비법 대공개 합격서

이영방 합격서
부동산학개론

심정욱 합격서
민법 및 민사특별법

임선정 합격서
공인중개사법령 및 중개실무

김민석 합격서
부동산공시법

한영규 합격서
부동산세법

오시훈 합격서
부동산공법

신대운 합격서
쉬운 민법체계도

합격을 결정하는 파이널 교재

이영방 필살키

심정욱 필살키

임선정 필살키

오시훈 필살키

김민석 필살키

한영규 필살키

더 많은
공인중개사 교재

공인중개사, 에듀윌을 선택해야 하는 이유

8년간 아무도 깨지 못한 기록
합격자 수 1위

합격을 위한 최강 라인업
1타 교수진

공인중개사

합격만 해도 연 최대 300만원 지급
에듀윌 앰배서더

업계 최대 규모의 전국구 네트워크
동문회

합격자 수 1위 에듀윌
6만 5천 건이 넘는 후기

고〇희 합격생

부알못, 육아맘도 딱 1년 만에 합격했어요.

저는 부동산에 관심이 전혀 없는 '부알못'이었는데, 부동산에 관심이 많은 남편의 권유로 공부를 시작했습니다. 남편 지인들이 에듀윌을 통해 많이 합격했고, '합격자 수 1위'라는 광고가 좋아 에듀윌을 선택하게 되었습니다. 교수님들이 커리큘럼대로만 하면 된다고 해서 믿고 따라갔는데 정말 반복 학습이 되더라고요. 아이 둘을 키우다 보니 낮에는 시간을 낼 수 없어서 밤에만 공부하는 게 쉽지 않아 포기하고 싶을 때도 있었지만 '에듀윌 지식인'을 통해 합격하신 선배님들과 함께 공부하는 동기들의 위로가 큰 힘이 되었습니다.

이〇용 합격생

군복무 중에 에듀윌 커리큘럼만 믿고 공부해 합격

에듀윌이 합격자가 많기도 하고, 교수님이 많아 제가 원하는 강의를 고를 수 있는 점이 좋았습니다. 또, 커리큘럼이 잘 짜여 있어서 잘 따라만 가면 공부를 잘 할 수 있을 것 같아 에듀윌을 선택했습니다. 에듀윌의 커리큘럼대로 꾸준히 따라갔던 게 저만의 합격 비결인 것 같습니다.

안〇원 합격생

5개월 만에 동차 합격, 낸 돈 그대로 돌려받았죠!

저는 야쿠르트 프레시매니저를 하다 60세에 도전하여 합격했습니다. 심화 과정부터 시작하다 보니 기본이 부족했는데, 교수님들이 하라는 대로 기본 과정과 책을 더 보면서 정리하며 따라갔던 게 주효했던 것 같습니다. 합격 후 100만 원 가까이 되는 큰 돈을 환급받아 남편이 주택관리사 공부를 한다고 해서 뒷받침해 줄 생각입니다. 저는 소공(소속 공인중개사)으로 활동을 하고 싶은 포부가 있어 최대 규모의 에듀윌 동문회 활동도 기대가 됩니다.

다음 합격의 주인공은 당신입니다!

더 많은
합격 비법

시작하는 방법은
말을 멈추고
즉시 행동하는 것이다.

– 월트 디즈니(Walt Disney)

➕ 합격할 때까지 책임지는 개정법령 원스톱 서비스!

법령 개정이 잦은 공인중개사 시험. 일일이 찾아보지 마세요!
에듀윌에서는 필요한 개정법령만을 빠르게! 한번에! 제공해 드립니다.

에듀윌 도서몰 접속 (book.eduwill.net)	▶	우측 정오표 아이콘 클릭	▶	카테고리 공인중개사 설정 후 교재 검색

개정법령
확인하기

2024

에듀윌 공인중개사

한영규 합격서

부동산세법

출간 즉시
전 과목 베스트셀러
1위

합격서의 2023년은
수험생 여러분들과 함께 뜨거웠습니다.

이영방 합격서   YES24 수험서 자격증 공인중개/주택관리 공인중개사 문제집 베스트셀러 1위 (2023년 1월 월별 베스트)
심정욱 합격서   YES24 수험서 자격증 공인중개/주택관리 공인중개사 단기완성 베스트셀러 1위 (2023년 1월 월별 베스트)
임선정 합격서   YES24 수험서 자격증 공인중개/주택관리 공인중개사 핵심요약 베스트셀러 1위 (2023년 2월 월별 베스트)
오시훈 합격서   YES24 수험서 자격증 공인중개/주택관리 공인중개사 판례/용어해설 베스트셀러 1위 (2023년 10월 월별 베스트)
김민석 합격서   YES24 수험서 자격증 공인중개/주택관리 공인중개사 기출문제 베스트셀러 1위 (2023년 5월 월별 베스트)
한영규 합격서   YES24 수험서 자격증 공인중개/주택관리 공인중개사 판례/용어해설 베스트셀러 1위 (2023년 2월 월별 베스트)

수많은 후기로 증명된 합격교재

'믿고 따라갈 수 있는 한영규 선생님!'

'합격서를 더 빨리 알았더라면 더 빨리 합격했을 것입니다.'

 쉽게 암기하고 오래 기억할 수 있는 고마
운 책! 프린트물이나 노트 정리 필요 없이
쉽고 빠르게 이론을 정리할 수 있었어요.

S*****9님 후기

 분량을 확 줄여주는 요약서!
합격서를 베이스로 단권화했어요. 시험장
에도 오직 합격서 하나만 들고 갔습니다.

K***6님 후기

"세법의 실전 비법을 그대로 담았습니다."

부동산세법은 전체 흐름을 파악하여 학습해야 함에도, 공인중개사 시험에서 차지하는 비중이 적다 보니 많은 수험생들이 소홀히 하거나 아예 포기해버리는 경우가 많습니다. 이러한 수험생들을 위해 효율적인 교재, 그 이상의 것을 제공하고자 하는 진심을 담아 본 합격서를 출간하였습니다.

본 합격서는 다음과 같은 특징을 가지고 있습니다.
1. 기본서의 방대한 내용을 압축하였지만, 전체 내용을 익숙하게 잘 읽을 수 있도록 자세하고 친절하게 집필하였습니다.
2. 강의에서 많이 언급하는 유의사항 및 참고 내용을 첨삭으로 달아, 마치 수업을 함께 듣는 듯한 느낌이 들도록 하였습니다.
3. 기존에 프린트로 제공하던 주제별 요약정리를 [규's 출제포인트]로 정리하였습니다. 나중에 이 부분만을 반복하여 학습한다면 주요내용을 모두 습득하실 수 있을 것입니다.

'구슬이 서 말이라도 꿰어야 보배'라는 말처럼, 아무리 좋은 내용의 교재라 하더라도 여러분의 것으로 만드는 시간이 없다면 아무 소용이 없습니다. 본 합격서가 여러분의 합격에 큰 힘이 되기를 바랍니다.

한영규 드림

약력
- 現 에듀윌 부동산세법 전임 교수
- 現 세무법인 세익 원당지점 대표세무사
- 現 동고양세무서 납세자보호위원
- 前 동고양세무서 국세심사위원
- 前 내국소비세법 및 회계학 개론 강의

저서
에듀윌 공인중개사 부동산세법 기초입문서, 기본서, 단단, 합격서, 단원별/회차별 기출문제집, 기출응용 예상문제집, 실전모의고사, 필살키 등 집필

한영규T 인스타그램
(@hanyeonggyu73)

합격생이 가장 많이 언급한

합격서 극찬포인트 TOP3

학습량 1/3 Down

얇지만 기출문제를 모두 분석!
빈출 포인트만을 선별하여 수록한
군살 없는 저지방 교재입니다.

합격생 박*경님(30대)

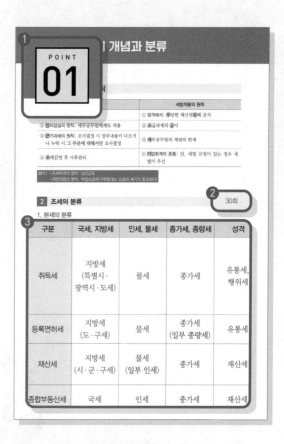

1 핵심포인트만 엄선하여 수록

2 최신 5개년 기출 회차 표기

3 방대한 이론을 표로 압축하여 정리

현장감 100%

영규쌤의 강의 노하우가 가득! 강의 중 설명하시는 내용이 다 들어 있어서 강의를 듣는 기분 이었어요.

합격생 배*호님(40대)

스피드 ×2 Up

달달 외우지 않아도 어느새 각인! 두문자 암기법으로 시험장에서 도 빠르게 문제를 풀 수 있었어요.

합격생 이*은님(50대)

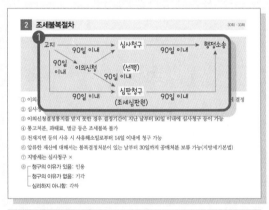

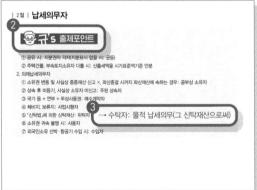

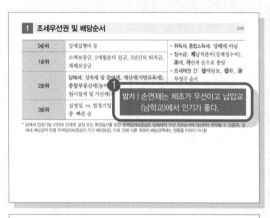

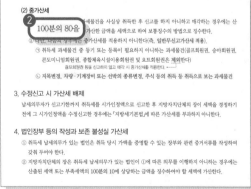

❶ 영규쌤의 강의 중 판서를 그대로 재현

❷ 강의에서만 들을 수 있었던 합격필살기 수록

❸ 강의식 첨삭으로 풍부한 보충설명

❶ 두문자 암기코드로 쉽고 재미있는 2배속 암기법

❷ 형광펜 표시로 주요 포인트만 짚어 보는 2배속 회독법

합격이론만 꾹 눌러담은 차례

조세의 개념과 분류

1 우리나라의 조세원칙

조세부과의 원칙	세법적용의 원칙
① **실**질과세의 원칙	① 엄격해석: **부**당한 재산권**침**해 금지
② **신**의성실의 원칙: 세무공무원에게도 적용	② **소**급과세의 **금**지
③ **근**거과세의 원칙: 조사결정 시 장부내용이 다르거나 누락 시 그 부분에 대해서만 조사결정	③ **세**무공무원의 재량의 한계
④ **조**세감면 후 사후관리	④ **기**업회계의 존중: 단, 세법 규정이 있는 경우 세법이 우선

암기 | • 조세부과의 원칙: 실신근조
• 세법적용의 원칙: 부침소금세기(부침개는 소금의 세기가 중요하다)

2 조세의 분류

30회

1. 본세의 분류

구분	국세, 지방세	인세, 물세	종가세, 종량세	성격	확정방식
취득세	지방세 (특별시 · 광역시 · 도세)	물세	종가세	유통세, 행위세	신고납부 (취득일 ~ 60일, 증여로 인한 취득일이 속하는 달의 말로부터 3개월, 상속 개시일이 속하는 달의 말일부터 6개월 등)
등록면허세	지방세 (도 · 구세)	물세	종가세 (일부 종량세)	유통세	신고납부 (등기 · 등록 전까지)
재산세	지방세 (시 · 군 · 구세)	물세 (일부 인세)	종가세	재산세	보통(고지)징수 (7/16 ~ 7/31, 9/16 ~ 9/30)
종합부동산세	국세	인세	종가세	재산세	정부부과가 원칙 (신고납부 선택 가능)

					신고납부 [예정: 양도일이 속하는 달의 말일부터 2개월, 3개월(부담부증여)/확정: 다음 연도 5/1~5/31)]
양도소득세	국세	인세	종가세	수득세	

2. 기타 분류

구분	국세, 지방세	독립세, 부가세	보통세, 목적세
농어촌특별세	국세	부가세	목적세
지방교육세	지방세	부가세	목적세
지방소득세	지방세	독립세	보통세

① 관할
  ㉠ 지방세: 물건 소재지 관할 지자체(단, 지방소득세는 주소지 관할 지자체)
  ㉡ 국세: 주소지 관할 세무서
② 소방분 지역자원시설세: 재산세의 병기세(재산세 분할납부 시 재산세 기준을 준용하여 분할납부 가능)

3. 세목별 부가세

구분	납부 시 부가세	감면 시 부가세
취득세	농어촌특별세, 지방교육세	농어촌특별세
등록면허세	지방교육세	농어촌특별세
재산세	지방교육세	–
종합부동산세	농어촌특별세	–
양도소득세	– (지방소득세 별도 신고)	농어촌특별세

4. 활동별 구분

취득 시	보유 시	양도 시
① 취득세 ② 등록면허세 ③ 상속세, 증여세 ④ 농어촌특별세, 지방교육세 ⑤ 인지세 ⑥ 부가가치세	① 재산세 ② 소방분 지역자원시설세 ③ 종합부동산세 ④ 종합소득세(부동산 임대업 등) ⑤ 농어촌특별세, 지방교육세 ⑥ 지방소득세 ⑦ 부가가치세	① 양도소득세 ② 종합소득세(부동산 매매업) ③ 농어촌특별세 ④ 지방소득세 ⑤ 인지세 ⑥ 부가가치세

부동산 활동별 부과세목 유의사항

1. 모든 단계 과세: 부가가치세(지방소비세 ➡ 부가가치세의 25.3%), 농어촌특별세
2. 종합소득세, 지방소득세는 보유, 양도 시에만 과세(취득 시 과세되지 아니함)
3. 지방교육세는 취득, 보유 시에만 과세(양도 시 과세되지 아니함)

3 용어의 정의
31회

과세표준	'과세표준'이란 직접적으로 세액산출의 기초가 되는 과세물건의 수량·면적 또는 가액(價額) 등을 말한다.
표준세율	'표준세율'이란 지방자치단체가 지방세를 부과할 경우에 통상 적용하여야 할 세율로서, 재정상의 사유 또는 그 밖의 특별한 사유가 있는 경우에는 이에 따르지 아니할 수 있는 세율을 말한다.
세무공무원	'세무공무원'이란 지방자치단체의 장 또는 지방세의 부과·징수 등에 관한 사무를 위임받은 공무원을 말한다.
납세의무자	'납세의무자'란 「지방세법」에 따라 지방세를 납부할 의무(지방세를 특별징수하여 납부할 의무는 제외한다)가 있는 자를 말한다.
납세자	'납세자'란 납세의무자(연대납세의무자와 제2차 납세의무자 및 보증인을 포함한다)와 특별징수의무자를 말한다.
신고납부	'신고납부'란 납세의무자가 그 납부할 지방세의 과세표준과 세액을 신고하고, 신고한 세금을 납부하는 것을 말한다.
부과	'부과'란 지방자치단체의 장이 「지방세기본법」 또는 지방세관계법에 따라 납세의무자에게 지방세를 부담하게 하는 것을 말한다.
징수	'징수'란 지방자치단체의 장이 「지방세기본법」 또는 지방세관계법에 따라 납세자로부터 지방자치단체의 징수금을 거두어들이는 것을 말한다.
보통징수	'보통징수'란 세무공무원이 납세고지서를 납세자에게 발급하여 지방세를 징수하는 것을 말한다.
특별징수	'특별징수'란 지방세를 징수할 때 편의상 징수할 여건이 좋은 자로 하여금 징수하게 하고 그 징수한 세금을 납부하게 하는 것을 말한다. **비교** '원천징수(源泉徵收)'란 세법에 따라 원천징수의무자가 국세(이와 관계되는 가산세는 제외한다)를 징수하는 것을 말한다.
지방자치단체의 징수금	'지방자치단체의 징수금'이란 지방세 및 체납처분비를 말한다.

면세점	'면세점'이란 과세표준금액이 일정금액 이하에 대해 과세하지 않는다고 정할 때의 그 금액을 말한다. ⑩ 취득세에서 취득가액 50만원 이하인 경우 과세하지 않는다.
소액징수면제	'소액징수면제'란 징수할 세액이 일정금액에 미달할 경우에는 이를 징수하지 아니하는 것을 말한다. ⑩ 재산세 고지서 1장당 2천원 미만의 경우 징수하지 아니한다.

4 서류의 송달

과세관청 ——— 고지서, 독촉장 등 ——→ 납세의무자 등

1. 서류의 송달

① 명의인의 주소 등에 송달

② 연대납세의무자에게 서류를 송달할 때에는 그 대표자, 대표자가 없으면 징수하기 유리한 자. 다만, 납세의 고지와 독촉에 관한 서류는 연대납세의무자 모두에게 각각 송달

③ 상속재산관리인이 있을 때에는 그 상속재산관리인의 주소 또는 영업소에 송달

④ 납세관리인이 있을 때에는 납세의 고지와 독촉에 관한 서류는 그 납세관리인의 주소 또는 영업소에 송달

2. 특징

① 교부, 우편, 전자송달 등이 원칙이다.

② 정당한 사유 없이 본인, 사용인, 가족 등이 수령 거부 시 서류를 받아야 할 장소에 둘 수 있다.
　➡ 공시송달사유 아님

③ 공시송달은 서류의 요지를 공고한 날부터 14일 경과 시 송달된 것으로 본다.

④ 납세의무자가 구속 송치 등의 경우 교도소, 구치소로 송달한다. ➡ 공시송달사유 아님

3. 공시송달사유

① 주소 등이 국외에 있는 경우

② 주소 등이 분명하지 아니한 경우

③ 서류가 반송되어 납부기한 내 송달이 곤란한 경우

④ 세무공무원이 2회 이상 방문하였으나 받을 사람이 없어 납부기한 내 송달이 곤란한 경우

5 가산세

신고납부(국세·지방세 공통)	보통(고지)징수(신고 관련 가산세 없음)	
	국세(종합부동산세 등)	지방세(재산세 등)
신고불성실가산세 • 무신고 100분의 20(부정 40) • 과소신고 100분의 10(부정 40)	납세고지서에 따른 납부기한까지 납부하지 아니한 세액 또는 과소납부분 세액: 100분의 3	
납부지연가산세: 1일당 22/100,000	고지에 따른 납부지연가산세 • 1일당 22/100,000 • 5년간 적용 • 세액이 150만원 미만 시 적용하지 아니함	고지에 따른 납부지연가산세 • 1개월당 66/10,000 • 60개월간 적용 • 세액이 45만원 미만 시 적용하지 아니함

① 가산세는 해당 세목으로, 조세감면 시 가산세는 감면대상에 포함하지 아니한다.

② 가산세 한도

　㉠ **국세**: 가산세 종류별 5천만원(중소기업 외 1억원)

　㉡ **지방세**: 납부지연가산세 적용 시 미납세액의 100분의 75

③ 가산세 경감

　㉠ 기한 후 신고 시 무신고가산세를 다음과 같이 경감한다.

> ⓐ 법정신고기한이 지난 후 1개월 이내 신고: 50%
> ⓑ 법정신고기한이 지난 후 1개월 초과 3개월 이내 신고: 30%
> ⓒ 법정신고기한이 지난 후 3개월 초과 6개월 이내 신고: 20%

　㉡ 수정신고 시 과소신고가산세를 다음과 같이 경감한다.

> ⓐ 법정신고기한이 지난 후 1개월 이내 수정신고: 90%
> ⓑ 법정신고기한이 지난 후 1개월 초과 3개월 이내 수정신고: 75%
> ⓒ 법정신고기한이 지난 후 3개월 초과 6개월 이내 수정신고: 50%
> ⓓ 법정신고기한이 지난 후 6개월 초과 1년 이내 수정신고: 30%
> ⓔ 법정신고기한이 지난 후 1년 초과 1년 6개월 이내 수정신고: 20%
> ⓕ 법정신고기한이 지난 후 1년 6개월 초과 2년 이내 수정신고: 10%

　➕ 단, 경정할 것을 미리 알고 기한 후 신고 또는 수정신고 시 경감하지 아니한다.

1 납세의무의 성립 · 확정 · 소멸 34회

구분	성립시기 (추상적 납세의무)	확정시기 (구체적 금액 확정)	소멸사유
취득세	취득 시	신고 시	① 납부, 충당, 부과취소(법인의 합병, 상속은 소멸사유에 해당하지 아니함) ② (부과)제척기간의 만료 　㉠ 사기 등: 10년(상속세 및 증여세 15년) 　㉡ 무신고: 7년(상속세 및 증여세 15년) 　㉢ 일반: 5년(상속세 및 증여세 10년) 　㉣ 다음의 경우 취득 관련 지방세 무신고 시 10년 적용 　　ⓐ 상속, 증여를 원인으로 취득 　　ⓑ 명의신탁약정으로 실권리자가 사실상 취득 　　ⓒ 타인명의로 주식을 취득하여 과점주주가 된 경우의 간주취득세 　㉤ 부담부증여 시 양도소득세: 증여세 기준 적용 ③ (징수)소멸시효: 5년(5억원 이상 국세, 5천만원 이상 지방세: 10년) ➡ 중단과 정지제도 있음(제척기간 중단과 정지제도 없음)
등록면허세	등기·등록 시	신고 시	
재산세	매년 6월 1일	결정 시	
종합부동산세	매년 6월 1일	결정 시 (신고방식 선택 시: 신고 시)	
양도소득세	과세기간이 끝나는 날 (통상: 12/31 ➡ 연말, 예정신고: 과세표준이 발생한 달의 말일 ➡ 월말)	신고 시 (예정신고만으로도 납세의무 확정)	

2 납세의무의 확장 34회

① **승계**: 법인의 합병, 상속(상속받은 재산가액 한도)
② **연대납세의무**: 수인의 채무자가 각자 채무 전부를 이행할 의무
③ **2차 납세의무**: 부족분에 한함
　㉠ **청산인**
　㉡ **출자자**: 법인재산으로 부족 시 무한책임사원, 과점주주(지분율 한도)
　㉢ **사업의 양수인**: 사업양수 당시 이미 부과된 당해 사업 관련 조세로 부가가치세 등을 말하며, 양도소득세 등은 사업양도·양수 이후 발생한 조세이기에 2차 납세의무가 없음

1 조세우선권 및 배당순서   30회

0순위	강제집행비 등
1순위	소액보증금, 3개월분의 임금, 3년간의 퇴직금, 재해보상금
2순위	당해세: 상속세 및 증여세, 재산세(지방교육세), 종합부동산세(농어촌특별세), 소방분 지역자원시설세 및 가산세(가산금)
3순위	설정일 vs 법정기일(신고일, 고지서 발송일) 중 빠른 순

① 취득세, 종합소득세: 당해세 아님
② 징수금: **체**납처분비(강제징수비), **조**세, **가**산세 순으로 충당
③ 조세채권 간: **납**세담보, **압**류, **교**부청구 순서

> 암기 | 손연재는 체조가 우선이고 납압교 (남학교)에서 인기가 좋다.

* 당해세 법정기일 이전에 전세권 설정 또는 확정일자를 받은 주택임차보증금은 당해세의 우선 징수순서에 대신하여 변제될 수 있음(즉, 당해세 배당금액 만큼 주택임차보증금이 우선 배당받음). 이로 인해 다른 채권의 배당금액에는 영향을 미치지 아니함

2 조세불복절차   30회 · 33회

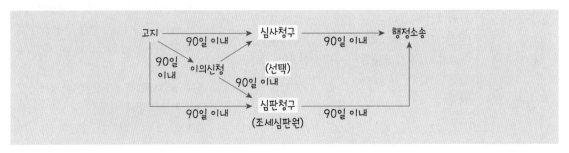

① 이의신청은 임의절차이며, 국세는 30일 이내에 결정(항변이 있는 경우 60일), 지방세는 90일 이내에 결정
② 심사청구와 심판청구는 선택(중복하여 제기 ×)
③ 이의신청결정통지를 받지 못한 경우 결정기간이 지난 날부터 90일 이내에 심사청구 등이 가능
④ 통고처분, 과태료, 벌금 등은 조세불복 불가
⑤ 천재지변 등의 사유 시 사유해소일로부터 14일 이내에 청구 가능
⑥ 압류한 재산에 대해서는 불복결정처분이 있는 날부터 30일까지 공매처분 보류 가능(지방세기본법)
⑦ 지방세는 심사청구 ×
⑧ ┌ 청구의 이유가 있음: 인용
　 ├ 청구의 이유가 없음: 기각
　 └ 심리하지 아니함: 각하
⑨ 국세 3천만원, 지방세 1천만원 미만 시 배우자 등이 대리 가능

PART

2

지방세

| 1절 | **취득세의 특징과 과세대상**

규's 출제포인트

취득세의 특징과 과세대상

1. 취득세의 특징: 지방세(특·광·도), 보통세, 물세, 종가세, 유통세, 행위세, 사실현황(실질과세), 신고주의
2. 과세대상 [암기 | 양식 광어회]
   ① 토지, 건축물(시설물 포함)
   ② 차량, 선박, 항공기, 기계장비(건설기계를 말하며, 제조장비 아님)
   ③ **양식**업권, **광업권**, **어업권**, **회원권**(골프, 승마, 요트, 콘도, 종합체육시설)
   ④ 입목

1 특징

구분	특징
지방세	특별시·광역시·도세, 특별자치시·특별자치도세이다.
물세	물건별로 과세한다.
유통세, 행위세	소유권이전단계마다 과세하며 취득이라는 행위에 대해 과세하는 행위세이다.
사실과세	등기·등록 여부와 관계없이 사실상 취득 시 과세한다.
신고주의	납세의무자가 취득하는 때에 성립하고, 신고하는 때에 확정된다.

2 과세대상

1. 부동산

'부동산'이란 토지 및 건축물을 말한다.

① 토지: 지적공부의 등록대상이 되는 토지와 그 밖에 사용되고 있는 사실상의 토지를 말한다.

② 건축물

　　㉠ 「건축법」에 따른 건축물

　　㉡ 시설

　　　ⓐ 독립된 시설: 레저시설, 저장시설, 도크(dock)시설, 접안시설, 도관시설, 급수·배수시설, 에너지 공급시설 및 그 밖에 이와 유사한 시설 등

　　　ⓑ 건축물에 딸린 시설물(건축물에 부착 또는 설치 시 과세): 승강기, 부착된 금고 등

2. 부동산세에 준(準)하는 것

차량, 기계장비(건설기계 및 이와 유사한 기계장비), 항공기, 선박, 입목

3. 각종 권리

광업권, 어업권, 양식업권, 회원권(골프, 승마, 콘도미니엄, 요트, 종합체육시설)

| 2절 | 취득의 개념 및 유형

규's 출제포인트

취득의 종류(종류별로 세율이 다름)

구분	종류
유상승계취득	매매, 교환(쌍방취득), 현물출자(법인이 납세의무), 대물변제(이혼 시 위자료), 부담부증여(채무인수 부분) ➕ 연부취득은 매회 연부금지급 시 취득(계약보증금 포함) ➕ 유상승계취득자의 상대방은 양도소득세 납세의무
무상승계취득	상속, 증여, 이혼 시 재산분할, 부담부증여 시(채무인수 이외의 부분)
원시취득	신축, 매립·간척, 시효취득
간주취득	지목변경, 개수, 차량 등 종류변경, 과점주주(비상장법인만 적용, 설립 시 과점주주 과세 제외)

➕ 직계존비속 및 배우자 간의 유상거래(매매, 부담부증여 시 채무)는 증여로 추정하나, 다음의 경우는 그대로 유상거래로 인정 ➡ 공매, 파산선고, 교환, 대가지급

1 개념

1. 취득의 정의

'취득'이란 매매, 교환, 상속, 증여, 기부, 법인에 대한 현물출자, 건축, 개수(改修), 공유수면의 매립·간척에 의한 토지의 조성 등과 그 밖에 이와 유사한 취득으로서, 원시취득(수용재결로 취득한 경우 등 과세대상이 이미 존재하는 상태에서 취득하는 경우는 제외한다), 승계취득 또는 유상·무상의 모든 취득을 말한다.

2. 실질주의

부동산등의 취득은 관계 법령에 따른 등기·등록 등을 하지 아니한 경우라도 사실상 취득하면 각각 취득한 것으로 보고 해당 취득물건의 소유자 또는 양수인을 각각 취득자로 한다. 다만, 차량, 기계장비, 항공기 및 주문을 받아 건조하는 선박은 승계취득인 경우에만 취득자로 본다.

2 유형

1. 유상승계취득

매매, 교환, 현물출자, 대물변제, 부담부증여에 있어 채무인수부분 등이 있다.

✎ **부담부증여 납세의무**

구분	증여자	수증자
인수한 채무액	양도소득세	취득세(유상승계)
취득가액 중 인수한 채무액을 제외한 부분	–	취득세 및 증여세(무상승계)

① 단, 배우자 또는 직계존비속으로부터의 부동산등의 부담부증여의 경우에는 채무인수액을 증여로 추정한다. 따라서 증여자는 납세의무가 없으며 수증자는 취득가액 전체를 무상승계취득한 것으로 추정하여 과세한다.
② 다만, 실제 채무인수사실이 객관적으로 확인되는 경우에는 그러하지 아니한다.

2. 무상승계취득

상속, 증여, 이혼 시 재산분할, 부담부증여에 있어 채무인수 이외의 부분 등이 있다.

3. 원시취득

① 공유수면의 매립·간척, 건축(신축, 증축, 개축, 재축, 이전), 시효취득 등이 있다.
② 다만, 차량, 기계장비, 항공기 및 주문을 받아 건조하는 선박은 승계취득인 경우에만 과세한다.

4. 간주취득(의제취득)

① **토지의 지목변경**: 토지의 지목을 사실상 변경함으로써 그 가액이 증가한 경우에는 그 증가한 가액에 대해 취득으로 본다.

② **개수**: 「건축법」에 의한 대수선과 건축물에 딸린 시설물 중 법령으로 정하는 시설물을 한 종류 이상 설치하거나 수선하는 것을 말한다. <u>개수를 통해 그 가액이 증가한 경우</u>에는 그 증가한 가액에 대해 취득으로 본다.
└→ 면적 증가 시에는 원시취득

③ **차량 등 종류변경**: 선박, 차량과 기계장비의 종류를 변경함으로써 그 가액이 증가한 경우에는 그 증가한 가액에 대해 취득으로 본다.

④ **과점주주의 주식취득**: 법인의 주식 또는 지분을 취득함으로써 「지방세기본법」에 따른 과점주주가 되었을 때에는 그 과점주주가 해당 법인의 부동산등(법인이 신탁법에 따라 신탁한 재산으로서 수탁자 명의로 등기·등록이 되어 있는 부동산등을 포함한다)을 취득(법인설립 시에 발행하는 주식 또는 지분을 취득함으로써 과점주주가 된 경우에는 취득으로 보지 아니한다)한 것으로 본다.

규's 출제포인트

납세의무자

1. 원칙: 사실상 취득자
2. 취득형태에 따른 사례
   ① 상속: 상속인 각자(공동상속재산: 연대납세의무)
   ② 상속등기 후 재분할: 초과취득분은 증여취득
   ➕ 단, 다음은 증여취득 배제하여 취득으로 보지 아니함
   　ㄱ 신고기한 내 재조정
   　ㄴ 상속회복청구의 소
   　ㄷ 채권자대위권에 의해 법정지분대로 등기 후 재조정
   ③ 재건축주택의 원시취득자
   　ㄱ 조합원분: 조합원
   　ㄴ 일반분양분: 조합
   ④ 「신탁법」에 의한 위탁자의 지위 이전: 새로운 위탁자
   ➕ 위탁자와 수탁자 간 또는 새로운 수탁자에게 이전 시 비과세
   ⑤ 가설자 ≠ 주체구조부의 취득자: 주체구조부의 취득자
   ⑥ 정원 또는 부속시설물
   　ㄱ 토지에 설치: 토지소유자
   　ㄴ 건축물에 설치: 건축물소유자
   ⑦ 환지방식 개발 시
   　ㄱ 환지: 조합원
   　ㄴ 체비지 또는 보류지: 사업시행자
   ⑧ 도시개발사업 등의 경우
   　ㄱ 건축물: 그 소유자가 원시취득
   　ㄴ 토지: 그 소유자가 승계취득
   ⑨ 과점주주
   　ㄱ 설립 시 과점주주: 과세 ×
   　ㄴ 최고지분율 초과분에 대해 과세
   　ㄷ 과점주주 간 지분변동 시 전체 증가분이 없으면 과세 ×
   　ㄹ 각자 지분만큼 납세의무(상호 간 연대납세의무)

1 본래의 납세의무자

32회

부동산등의 취득은 등기·등록 등을 하지 아니한 경우라도 사실상 취득하면 각각 취득한 것으로 보고, 해당 취득물건의 소유자 또는 양수인을 각각 취득자로 한다.

2 의제납세의무자

1. 주체구조부(主體構造部)의 취득자 ┌─• 금융기관인 임차인이 금고설치 시 건물주에게 납세의무가 있다.

건축물 중 조작(造作)설비, 그 밖의 부대설비에 속하는 부분으로서 그 주체구조부와 하나가 되어 건축물로서의 효용가치를 이루고 있는 것에 대하여는 주체구조부 취득자 외의 자가 가설(加設)한 경우에도 주체구조부의 취득자가 함께 취득한 것으로 본다.

2. 변경시점의 소유자

선박, 차량과 기계장비의 종류를 변경하거나 토지의 지목을 사실상 변경함으로써 그 가액이 증가한 경우에는 취득으로 본다. 이 경우 「도시개발법」에 따른 도시개발사업(환지방식만 해당한다)의 시행으로 토지의 지목이 사실상 변경된 때에는 그 환지계획에 따라 공급되는 환지는 조합원이, 체비지 또는 보류지는 사업시행자가 각각 취득한 것으로 본다.

3. 수입하는 자

외국인 소유의 취득세 과세대상 물건(차량, 기계장비, 항공기 및 선박만 해당한다)을 직접 사용하거나 국내의 대여시설 이용자에게 대여하기 위하여 소유권을 이전받는 조건으로 임차하여 수입하는 경우에는 수입하는 자가 취득한 것으로 본다.

4. 상속인 각자 ┌─• 특히 주된 상속자 아님

상속으로 인하여 취득하는 경우에는 상속인 각자가 상속받는 취득물건(지분을 취득하는 경우에는 그 지분)을 취득한 것으로 본다. 공동상속의 경우에는 공유자가 연대하여 납부할 의무를 진다.

5. 조합원 또는 조합

① 조합원: 「주택법」에 따른 주택조합과 「도시 및 주거환경정비법」 및 「빈집 및 소규모주택 정비에 관한 특례법」에 따른 재건축조합 및 소규모재건축조합이 해당 조합원용으로 취득하는 조합주택용 부동산(공동주택과 부대시설·복리시설 및 그 부속토지)은 그 조합원이 취득한 것으로 본다.

② 조합: 조합원에게 귀속되지 아니하는 부동산은 해당 조합이 취득한 것으로 본다.

6. 시설대여업자

「여신전문금융업법」에 따른 시설대여업자가 건설기계나 차량의 시설대여를 하는 경우로서, 같은 법에 따라 대여시설 이용자의 명의로 등록하는 경우라도 그 건설기계나 차량은 시설대여업자가 취득한 것으로 본다.

7. 배우자 또는 직계존비속의 부동산등을 취득하는 경우 증여의제

배우자 또는 직계존비속의 부동산등을 취득하는 경우에는 증여로 취득한 것으로 본다. 다만, 다음의 어느 하나에 해당하는 경우에는 유상으로 취득한 것으로 본다.
① **공매**(경매를 포함한다)를 통하여 부동산등을 취득한 경우
② **파산**선고로 인하여 처분되는 부동산등을 취득한 경우
③ 권리의 이전이나 행사에 등기 또는 등록이 필요한 부동산등을 서로 **교환**한 경우
④ 해당 부동산등의 취득을 위하여 그 **대**가를 지급한 사실이 증명되는 경우

> 암기 | 공매, 파산(이라는 간판은) 교대역(에 많이 있다)

8. 부담부증여의 경우 채무인수액의 증여의제

① **채무인수액**: 증여자의 채무를 인수하는 부담부(負擔附)증여의 경우에는 그 채무액에 상당하는 부분은 부동산등을 유상으로 취득하는 것으로 본다. 다만, 배우자 또는 직계존비속으로부터의 부동산의 부담부증여의 경우에는 위 '**7.** 배우자 또는 직계존비속의 부동산등을 취득하는 경우 증여의제'를 적용한다.
② **채무인수액 이외 부분**: 부담부증여 시 취득재산가액 중 채무인수액 이외의 부분은 언제나 무상취득한 것으로 본다.

9. 상속재산 재분할의 경우

상속개시 후 상속재산에 대하여 등기·등록·명의개서(名義改書) 등에 의하여 각 상속인의 상속분이 확정되어 등기등이 된 후, 그 상속재산에 대하여 공동상속인이 협의하여 재분할한 결과 특정 상속인이 당초 상속분을 초과하여 취득하게 되는 재산가액은 그 재분할에 의하여 상속분이 감소한 상속인으로부터 증여받아 취득한 것으로 본다. 다만, 다음의 어느 하나에 해당하는 경우에는 그러하지 아니하다.

└→ 추가납세의무가 없다.

① 법정신고·납부기한 내에 재분할에 의한 취득과 등기등을 모두 마친 경우
② 상속회복청구의 소에 의한 법원의 확정판결에 의하여 상속인 및 상속재산에 변동이 있는 경우
③「민법」에 따른 채권자대위권의 행사에 의하여 공동상속인들의 법정상속분대로 등기등이 된 상속재산을 상속인 사이의 협의분할에 의하여 재분할하는 경우

10. 택지공사가 준공된 토지의 사실상 지목변경의 경우

① **토지의 소유자**:「공간정보의 구축 및 관리 등에 관한 법률」에 따른 대(垈) 중「국토의 계획 및 이용에 관한 법률」등 관계 법령에 따른 택지공사가 준공된 토지에 정원 또는 부속시설물 등을 조성·설치하는 경우에는, 그 정원 또는 부속시설물 등은 토지에 포함되는 것으로서 토지의 지목을 사실상 변경하는 것으로 보아 토지의 소유자가 취득한 것으로 본다.
② **건축물을 취득하는 자**: 다만, 건축물을 건축하면서 그 건축물에 부수되는 정원 또는 부속시설물 등을 조성·설치하는 경우에는, 그 정원 또는 부속시설물 등은 건축물에 포함되는 것으로 보아 건축물을 취득하는 자가 취득한 것으로 본다.

11. 새로운 위탁자

「신탁법」에 따라 신탁재산의 위탁자 지위의 이전이 있는 경우에는 새로운 위탁자가 해당 신탁재산을 취득한 것으로 본다.

12. 도시개발사업 등에 따른 경우

「도시개발법」에 따른 도시개발사업과 「도시 및 주거환경정비법」에 따른 정비사업의 시행으로 해당 사업의 대상이 되는 부동산의 소유자(상속인을 포함)가 환지계획 또는 관리처분계획에 따라 공급받거나 토지상환채권으로 상환받는 건축물은 그 소유자가 원시취득한 것으로 보며, 토지의 경우에는 그 소유자가 승계취득한 것으로 본다. 이 경우 토지는 당초 소유한 토지 면적을 초과하는 경우로서 그 초과한 면적에 해당하는 부분에 한정하여 취득한 것으로 본다.

13. 과점주주

① 개념: '과점주주'란 주주 또는 유한책임사원 1명과 그의 특수관계인 중 대통령령으로 정하는 자로서, 그들의 소유주식의 합계 또는 출자액의 합계가 해당 법인의 발행주식 총수 또는 출자총액의 100분의 50을 초과하면서 그에 관한 권리를 실질적으로 행사하는 자들을 말한다.

② 성립요건

㉠ 비상장법인: 비상장법인의 주식 또는 지분을 취득함으로써 과점주주가 되었을 때에는 그 과점주주가 해당 법인의 부동산등(법인이 신탁법에 따라 신탁한 재산으로서 수탁자 명의로 등기·등록이 되어 있는 부동산등을 포함)을 취득한 것으로 본다. 이 경우 과점주주 간에는 연대납세의무가 있다.

> 과세표준 = 해당 법인의 부동산등 취득세 과세대상 물건가액 × 지분비율(증가비율)

㉡ 법인설립일 이후 과점주주: 법인설립 시에 발행하는 주식 또는 지분을 취득함으로써 과점주주가 된 경우에는 취득으로 보지 아니한다.

③ 사례

㉠ 최초로 과점주주가 된 경우: 법인의 과점주주가 아닌 주주 또는 유한책임사원이 다른 주주 또는 유한책임사원의 주식 또는 지분을 취득하거나 증자 등으로 최초로 과점주주가 된 경우에는, 최초로 과점주주가 된 날에 현재 해당 과점주주가 소유하고 있는 법인의 주식 등을 모두 취득한 것으로 보아 취득세를 부과한다.

구분	취득비율	지분비율	취득으로 간주되는 지분비율
설립 시	–	40%	–
증자 및 취득	20%	60%	60%

ⓒ 과점주주의 지분비율이 증가한 경우: 이미 과점주주가 된 주주 또는 유한책임사원이 해당 법인의 주식 등을 취득하여 해당 법인의 주식 등의 총액에 대한 과점주주가 가진 주식 등의 비율이 증가된 경우에는, 그 증가분을 취득으로 보아 취득세를 부과한다. 다만, 증가된 후의 주식 등의 비율이 해당 과점주주가 이전에 가지고 있던 주식 등의 최고비율보다 증가되지 아니한 경우에는 취득세를 부과하지 아니한다.

구분	취득비율	지분비율	취득으로 간주되는 지분비율
설립 시	–	60%	–
증자 및 취득	20%	80%	20%
양도	(10%)	70%	–
증자 및 취득	5%	75%	–

ⓓ 과점주주였으나 주식 등의 양도, 해당 법인의 증자 등으로 과점주주에 해당되지 아니하는 주주 또는 유한책임사원이 된 자가 해당 법인의 주식 등을 취득하여 다시 과점주주가 된 경우에는, 다시 과점주주가 된 당시의 주식 등의 비율이 그 이전에 과점주주가 된 당시의 주식 등의 비율보다 증가된 경우에만 그 증가분만을 취득으로 보아 취득세를 부과한다.

➕ 과점주주 상호 간의 주식 이동 시 과점주주 전체 지분비율이 증가되지 않는다면 취득세 납세의무가 발생하지 않는다.

구분	취득비율	지분비율	취득으로 간주되는 지분비율
설립 시	–	40%	–
증자 및 취득	20%	60%	60%
양도	(30%)	30%	–
증자 및 취득	40%	70%	10%

취득시기

규's 출제포인트

취득시기

구분	취득시기
유상승계 취득	① **원칙**: 사실상 잔금지급일 ② **예외**: 계약상 잔금지급일(계약상 잔금지급일이 명시되지 않은 경우에는 계약일부터 60일이 경과한 날) ③ **연부**: 사실상 연부금지급일 ④ 위 ①~③보다 먼저 등기·등록 시, 그 등기·등록일
무상승계 취득	① **상속**: 상속개시일 ② **증여**: 증여계약일 vs 등기·등록일 중 빠른 날 ③ **재산분할**: 등기·등록일
원시취득	① **신축(건축물)**: 사용승인서를 받은 날 vs 사실상 사용일 중 빠른 날 ② **매립·간척(토지)**: 공사준공인가일 vs 사용승낙일·허가일 또는 사실상 사용일 중 빠른 날 ③ **시효취득**: 등기·등록일
간주취득	① **지목변경**: 공부상 변경일 vs 사실상 변경일 중 빠른 날(단, 변경 전 사용하는 부분은 사실상 사용일) ② **개수**: 신축과 같음(사용승인서 vs 사실상 사용일 중 빠른 날)

➕ 조합원에게 귀속되지 않은 토지 [암기 | 주사 재건소]
- **주택조합** ➡ **사용**검사를 받은 날
- **재건축조합** ➡ **소**유권이전고시일의 다음 날

➕ 취득으로 보지 않는 경우: 등기·등록하지 아니하고 취득일부터 60일(취득일이 속하는 달의 말일부터 3개월) 이내에 계약해제사실을 소명한 경우

1 유상승계취득

30회 · 34회

1. 원칙: 사실상 잔금지급일

유상승계취득의 경우에는 사실상 잔금지급일에 취득한 것으로 본다.

2. 사실상의 잔금지급일을 확인할 수 없는 경우

그 계약상의 잔금지급일(계약상 잔금지급일이 명시되지 않은 경우에는 계약일부터 60일이 경과한 날을 말한다)에 취득한 것으로 본다.

3. 취득으로 보지 않는 경우

해당 취득물건을 등기·등록하지 않고 다음의 어느 하나에 해당하는 서류로 계약이 해제된 사실이 입증되는 경우에는 취득한 것으로 보지 않는다.

① 화해조서·인낙조서(해당 조서에서 취득일부터 60일 이내에 계약이 해제된 사실이 입증되는 경우만 해당한다)

② 공정증서(공증인이 인증한 사서증서를 포함하되, 취득일부터 60일 이내에 공증받은 것만 해당한다)

③ 행정안전부령으로 정하는 계약해제신고서(취득일부터 60일 이내에 제출된 것만 해당한다)

④ 부동산거래신고 관련 법령에 따른 부동산거래계약해제등신고서(취득일부터 60일 이내에 등록관청에 제출한 경우만 해당한다)

4. 연부취득의 경우 → 매매계약서상 연부계약 형식을 갖추고 일시에 완납할 수 없는 대금을 2년 이상에 걸쳐 일정액씩 분할하여 지급하는 것을 말한다.

연부(年賦)로 취득하는 것(취득가액의 총액이 50만원 이하의 경우는 제외한다)은 그 사실상의 연부금지급일을 취득일로 본다.

5. 등기·등록을 먼저한 경우

위 **1. 2. 3. 4.**에 따른 취득일 전에 등기 또는 등록을 한 경우에는 그 등기일 또는 등록일에 취득한 것으로 본다.

---

2 무상승계취득

1. 원칙: 계약일

① 무상취득의 경우에는 그 계약일(상속 또는 유증으로 인한 취득의 경우에는 상속 또는 유증개시일을 말한다)에 취득한 것으로 본다.

② 해당 취득물건을 등기·등록하지 않고 다음의 어느 하나에 해당하는 서류로 계약이 해제된 사실이 입증되는 경우에는 취득한 것으로 보지 않는다.

㉠ 화해조서·인낙조서(해당 조서에서 취득일이 속하는 달의 말일부터 3개월 이내에 계약이 해제된 사실이 입증되는 경우만 해당한다)

㉡ 공정증서(공증인이 인증한 사서증서를 포함하되, 취득일이 속하는 달의 말일부터 3개월 이내에 공증받은 것만 해당한다)

㉢ 행정안전부령으로 정하는 계약해제신고서(취득일이 속하는 달의 말일부터 3개월 이내에 제출된 것만 해당한다)

2. 등기·등록을 먼저 한 경우

증여취득 시 계약일에 취득한 것으로 보나 계약일 전에 등기 또는 등록을 한 경우에는 그 등기일 또는 등록일에 취득한 것으로 본다.

✎ **증여취득 시 취득시기**

취득세	계약일과 등기등록일 중 빠른 날
양도소득세	증여를 받은 날

3. 이혼 시 재산분할로 인한 취득인 경우

「민법」에 따른 재산분할로 인한 취득의 경우에는 취득물건의 등기일 또는 등록일을 취득일로 본다.

3 원시취득 30회

1. 건축 또는 개수

건축물을 건축 또는 개수하여 취득하는 경우에는 사용승인서를 내주는 날(사용승인서를 내주기 전에 임시사용승인을 받은 경우에는 그 임시사용승인일을 말하고, 사용승인서 또는 임시사용승인서를 받을 수 없는 건축물의 경우에는 사실상 사용이 가능한 날을 말한다)과 사실상의 사용일 중 빠른 날을 취득일로 본다.

2. 토지의 매립·간척

관계 법령에 따라 매립·간척 등으로 토지를 원시취득하는 경우에는 공사준공인가일을 취득일로 본다. 다만, 공사준공인가일 전에 사용승낙·허가를 받거나 사실상 사용하는 경우에는 사용승낙일·허가일 또는 사실상 사용일 중 빠른 날을 취득일로 본다.

3. 시효취득

「민법」에 따른 점유로 인한 취득의 경우에는 취득물건의 등기일 또는 등록일을 취득일로 본다.

✎ **시효취득 시 취득시기**

취득세	등기·등록일
양도소득세	점유개시일

4 간주취득(의제취득)

1. 토지의 지목변경

토지의 지목변경에 따른 취득은 토지의 지목이 사실상 변경된 날과 공부상 변경된 날 중 빠른 날을 취득일로 본다. 다만, 토지의 지목변경일 이전에 사용하는 부분에 대해서는 그 사실상의 사용일을 취득일로 본다.

2. 차량 등의 종류변경

차량·기계장비 또는 선박의 종류변경에 따른 취득은 사실상 변경한 날과 공부상 변경한 날 중 빠른 날을 취득일로 본다.

3. 과점주주

법인의 과점주주가 아닌 주주 또는 유한책임사원이 다른 주주 또는 유한책임사원의 주식 또는 지분을 취득하거나 증자 등으로 최초로 과점주주가 된 경우에는, 최초로 과점주주가 된 날 현재 해당 과점주주가 소유하고 있는 법인의 주식 등을 모두 취득한 것으로 보아 취득세를 부과한다.

5 조합원에게 귀속되지 아니하는 토지   32회·34회

1. 사용검사를 받은 날

「주택법」에 따른 주택조합이 주택건설사업을 하면서 조합원으로부터 취득하는 토지 중 조합원에게 귀속되지 아니하는 토지를 취득하는 경우에는, 「주택법」에 따른 사용검사를 받은 날에 그 토지를 취득한 것으로 본다.

2. 소유권이전고시일의 다음 날

「도시 및 주거환경정비법」에 따른 재건축조합이 재건축사업을 하거나 「빈집 및 소규모주택 정비에 관한 특례법」에 따른 소규모재건축조합이 소규모재건축사업을 하면서 조합원으로부터 취득하는 토지 중 조합원에게 귀속되지 아니하는 토지를 취득하는 경우에는, 소유권이전고시일의 다음 날에 그 토지를 취득한 것으로 본다.

| 5절 | 과세표준

 **출제포인트**

과세표준

구분	과세표준	
유상승계 취득	① 원칙: 사실상 취득가격(부당행위 시 시가인정액) 　➕ 시가인정액: 매매사례가액, 감정가액, 공매가액 등을 　　　말한다. ② 연부: 매회 연부금액(계약보증금 포함)	✏ **사실상 취득가격** 할인받은 경우 그 할인된 금액 ① 포함 ○ 　㉠ 건설자금이자(개인 제외) 　㉡ 할부이자, 연체료(개인 제외) 　㉢ 각종 부담금, 용역비, 수수료 　㉣ 취득자조건부담액, 채무인수액 　㉤ 국민주택매각차손(동일자 금 　　　융기관 차손한도) 　㉥ 중개보수(개인 제외) 　㉦ 붙박이장, 가전제품, 정원, 　　　부속시설물 ② 포함 ✕ 　㉠ 광고선전비 　㉡ 전기·가스 등 이용자분담금 　㉢ 이주비 등 별개의 권리보상 　㉣ 부가가치세
무상취득	① 상속: 시가표준액 ② 상속 이외 　㉠ 원칙: 시가인정액 　㉡ 예외: 시가표준액 　㉢ 시가표준액 1억원 이하: 시가인정액과 시가표준액 중 　　　에서 납세자가 정하는 가액	
원시취득	① 원칙: 사실상 취득가격 ② 법인이 아닌 자가 건축물을 건축 시 사실상 취득가격을 　확인할 수 없는 경우: 시가표준액	
간주취득	① 원칙: 증가한 가액 ② 예외(법인이 아닌 경우) 　㉠ 지목변경: 변경 후 시가표준액 − 변경 전 시가표준액 　㉡ 차량 등 종류변경: 시가표준액 ③ 개수: 원시취득 과세표준과 같음	

취득세의 과세표준은 취득 당시의 가액으로 한다. 다만, 연부로 취득하는 경우 취득세의 과세표준은 연부금액(매회 사실상 지급되는 금액을 말하며, 취득금액에 포함되는 계약보증금을 포함한다)으로 한다.

1 유상승계취득

① 부동산등을 유상승계취득하는 경우 취득 당시의 가액은 사실상의 취득가격으로 한다.

② 지방자치단체의 장은 특수관계인 간의 거래로 그 취득에 대한 조세부담을 부당하게 감소시키는 행위 또는 계산을 한 것으로 인정되는 경우(부당행위계산)에는 ①에도 불구하고 시가인정액(매매사례가액, 감정가액, 공매가액 등)을 취득 당시 가액으로 결정할 수 있다.

③ 부당행위계산은 특수관계인으로부터 시가인정액보다 낮은 가격으로 부동산을 취득한 경우로서, 시가인정액과 사실상 취득가격의 차액이 3억원 이상이거나 시가인정액의 100분의 5에 상당하는 금액 이상인 경우로 한다.

2 　무상취득

① 부동산등을 무상취득하는 경우 취득 당시의 가액은 취득시기 현재 불특정 다수인 사이에 자유롭게 거래가 이루어지는 경우 통상적으로 성립된다고 인정되는 가액(시가인정액)으로 한다.

② 다음의 경우는 해당 가액을 취득 당시 가액으로 한다.

　㉠ 상속에 따른 무상취득의 경우: 시가표준액 ┌→ 토지는 개별공시지가, 주택은 개별주택가격 또는
　　　　　　　　　　　　　　　　　　　　　　공동주택가격을 말한다.

　㉡ 취득 당시 취득물건에 대한 시가표준액이 1억원 이하인 부동산등을 무상취득(상속 제외)하는 경우: 시가인정액과 시가표준액 중에서 납세자가 정하는 가액

　㉢ 위 ㉠, ㉡에 해당하지 아니하는 경우: 시가인정액으로 하되, 시가인정액을 산정하기 어려운 경우에는 시가표준액

③ 증여자의 채무를 인수하는 부담부증여의 경우 유상으로 취득한 것으로 보는 채무액에 상당하는 부분(채무부담액)에 대해서는 유상승계취득에서의 과세표준을 적용하고, 취득물건의 시가인정액에서 채무부담액을 뺀 잔액에 대해서는 무상취득에서의 과세표준을 적용한다.

3 　원시취득　　　　　　　　　　　　　　　　　　　　　　　　31회

① 부동산등을 원시취득하는 경우 취득 당시 가액은 사실상 취득가격으로 한다.

② 법인이 아닌 자가 건축물을 건축하여 취득하는 경우로서 사실상 취득가격을 확인할 수 없는 경우의 취득 당시 가액은 시가표준액으로 한다.

4 　간주취득

① 다음의 경우 취득 당시 가액은 그 변경으로 증가한 가액에 해당하는 사실상 취득가격으로 한다.

　㉠ 토지의 지목을 사실상 변경한 경우

　㉡ 선박, 차량 또는 기계장비의 용도 등을 변경한 경우

② 법인이 아닌 자가 ①의 어느 하나에 해당하는 경우로서 사실상 취득가격을 확인할 수 없는 경우 취득 당시 가액은 다음의 방법에 따라 계산한 가액으로 한다.

　㉠ 토지의 지목을 사실상 변경한 경우: 토지의 지목이 사실상 변경된 때를 기준으로 ⓐ의 가액에서 ⓑ의 가액을 뺀 가액

　　ⓐ 지목변경 이후의 토지에 대한 시가표준액

　　ⓑ 지목변경 전의 토지에 대한 시가표준액

　㉡ 선박, 차량 또는 기계장비의 용도 등을 변경한 경우: 시가표준액

③ 건축물을 개수하는 경우 취득 당시 가액은 위 **3 　원시취득** 에 따른다.

④ 과점주주가 취득한 것으로 보는 해당 법인의 부동산등의 취득 당시 가액은, 해당 법인의 결산서와 그 밖의 장부 등에 따른 그 부동산등의 총가액을 그 법인의 주식 또는 출자의 총수로 나눈 가액에 과점주주가 취득한 주식 또는 출자의 수를 곱한 금액으로 한다. 이 경우 과점주주는 조례로 정하는 바에 따라 취득 당시 가액과 그 밖에 필요한 사항을 신고하여야 한다.

| 6절 | 세율

1 표준세율 및 주택에 대한 중과세율 30회 · 33회

1. 표준세율(50% 가감)

상속으로 인한 취득	1천분의 28(2.8%) → 농지 2.3%
증여 등으로 인한 취득	1천분의 35(3.5%) → 비영리사업자 2.8%
유상승계취득	1천분의 40(4.0%) → 농지 3.0%
원시취득	1천분의 28(2.8%)
공유물 등 분할로 인한 취득	1천분의 23(2.3%) → 본인지분 초과 시 초과분 제외

2. 주택 유상취득

구분	조정	조정 외
1주택	1~3%	1~3%
2주택	8%	1~3%
3주택	12%	8%
4주택 이상	12%	12%

➕ 법인: 12%, 일시적 2주택: 1~3%
➕ 조정지역 + 3억원 이상 주택증여: 12%(1세대 1주택자가 직계 혹은 배우자에게 증여 시 재산분할, 합병 등 제외)
➕ 공유지분이나 부속토지만을 소유하거나 취득하는 경우에도 주택을 소유하거나 취득한 것으로 본다.
➕ 참고사항
  • 1천분의 40을 표준세율로 하여 해당 세율에 중과기준세율의 100분의 400을 합한 세율: 12%
  • 1천분의 40을 표준세율로 하여 해당 세율에 중과기준세율의 100분의 200을 합한 세율: 8%

3. 주택 수 포함

① 신탁주택
② 2020. 8. 12. 이후 취득하는 입주권, 분양권, 주택으로 과세되는 오피스텔

4. 주택 수 제외

① 시가표준액 1억원 이하 주택(정비구역등 제외), 오피스텔

② 상속개시일부터 5년 미경과 주택, 조합원입주권, 주택분양권, 오피스텔

③ 노인복지주택, 공공지원민간임대주택, 어린이집, 사택, 미분양주택, 농어촌주택, 등록문화재 해당 주택, 멸실 목적 취득주택

5. 중과 제외

① 시가표준액 1억원 이하 주택(정비구역등 제외)

② 법정 부동산투자회사, 은행 등의 채권보전용

③ 노인복지주택, 공공지원민간임대주택, 가정어린이집, 사택, 미분양주택, 농어촌주택, 등록문화재 해당 주택, 멸실 목적 취득주택

2 특례세율

규's 출제포인트

특례세율

1. 중과기준세율: 2%(취득 ○, 등록 ×) 암기 | 임시무지개과차(자) 등
   ① 간주취득(**지**목변경, **개**수, **차**량 등 종류변경, **과**점주주)
   ② 1년 초과 **임**시건축물, **시**설물, **무**덤, **등**기 후 취득 등
   ➕ 개수 시 면적 증가: 원시취득(2.8%)
2. 표준세율 −2%(취득 ×, 등록 ○), 주택유상: 1~3% × 50%
   ① 환매, 상속[1가구 1주택(고급주택 제외), 일정한 농지]
   ② 합병, 분할(공유물, 재산), 이전 등
   ➕ 이전 시 초과된 가액: 표준세율(2.8%)

부동산 소유권에 관해서는 2011년부터 종전의 취득세와 종전의 등록세를 통합하여 과세하고 있다. 이에 종전에 취득세만 과세하던 취득과 종전에 등록세만 과세하던 취득에 대해서는 다음과 같이 특례세율을 적용하고 있다.

1. 등기·등록대상이 아닌 취득(종전 취득세만 과세)

다음의 어느 하나에 해당하는 취득에 대한 취득세는 중과기준세율을 적용하여 계산한 금액을 그 세액으로 한다.

> 취득세율 = 중과기준세율(1천분의 20, 즉 2%)

다만, 취득물건이 과밀억제권역에서 공장 신·증설에 대한 중과세대상에 해당하는 경우에는 중과기준세율(1천분의 20)의 100분의 300을, 사치성재산에 해당하는 경우에는 중과기준세율(1천분의 20)의 100분의 500을 각각 적용한다.

① 개수로 인한 취득(개수로 건축물의 면적이 증가하여 원시취득으로 보는 경우는 제외한다)

② 선박·차량과 기계장비 및 토지의 가액 증가

③ 과점주주의 간주취득

④ 외국인 소유의 취득세 과세대상 물건(차량, 기계장비, 항공기 및 선박만 해당한다)을 임차하여 수입하는 경우의 취득(연부로 취득하는 경우로 한정한다)

⑤ 시설대여업자의 건설기계 또는 차량 취득

⑥ 취득대금을 지급한 자의 기계장비 또는 차량 취득(기계장비 또는 차량을 취득하면서 기계장비대여업체 또는 운수업체의 명의로 등록하는 경우로 한정한다)

⑦ 택지공사가 준공된 토지에 정원 또는 부속시설물 등을 조성·설치하는 경우 토지의 소유자의 취득

⑧ 그 밖에 레저시설의 취득 등 대통령령으로 정하는 취득

　　㉠ 레저시설, 저장시설, 도크(dock)시설, 접안시설, 도관시설, 급수·배수시설 및 에너지 공급시설의 취득

　　㉡ 무덤과 이에 접속된 부속시설물의 부지로 사용되는 토지로서 지적공부상 지목이 묘지인 토지의 취득

　　㉢ 임시흥행장 등 존속기간이 1년을 초과하는 임시건축물의 취득

　　㉣ 「여신전문금융업법」에 따라 건설기계나 차량을 등록한 대여시설이용자가 그 시설대여업자로부터 취득하는 건설기계 또는 차량의 취득

　　㉤ 건축물을 건축하여 취득하는 경우로서 그 건축물에 대하여 소유권의 보존등기 또는 소유권의 이전등기에 대한 등록면허세 납세의무가 성립한 후 취득시기가 도래하는 건축물의 취득

2. 형식적인 소유권 취득(종전 등록세만 과세)

다음의 어느 하나에 해당하는 취득에 대한 취득세는 표준세율에서 중과기준세율(1천분의 20)을 뺀 세율로 산출한 금액을 세액으로 한다.

> 취득세율 = 표준세율 − 중과기준세율(1천분의 20, 즉 2%)

다만, 주택의 유상거래를 원인으로 한 취득에 대한 취득세는 해당 세율(1천분의 10 ~ 1천분의 30)에 100분의 50을 곱한 세율을 적용하여 산출한 금액을 그 세액으로 한다.

① 환매등기를 병행하는 부동산의 매매로서 환매기간 내에 매도자가 환매한 경우의 그 매도자와 매수자의 취득

② 상속으로 인한 취득 중 다음의 어느 하나에 해당하는 취득

　　㉠ 대통령령으로 정하는 1가구 1주택의 취득(고급주택 제외)

　　㉡ 「지방세특례제한법」에 따라 취득세의 감면대상이 되는 농지의 취득

③ 「법인세법」 규정에 따른 적격합병의 요건을 갖춘 법인의 합병으로 인한 취득

④ 공유물·합유물의 분할 또는 부동산의 공유권 해소를 위한 지분이전으로 인한 취득(등기부등본상 본인 지분을 초과하는 부분의 경우에는 제외한다)

⑤ 건축물의 이전으로 인한 취득. 다만, 이전한 건축물의 가액이 종전 건축물의 가액을 초과하는 경우에 그 초과하는 가액에 대하여는 그러하지 아니하다.

⑥ 「민법」에 따른 이혼 시 재산분할로 인한 취득 ────→ 표준세율(2.8%) 적용

⑦ 벌채하여 원목을 생산하기 위한 입목의 취득

3 중과세율

사치성재산 표준세율 + (2% × 4)	과밀억제권역 표준세율 + (2% × 2)	대도시 (표준세율 × 3) − (2% × 2)
① 골프장 　㉠ 토지, 건물, 입목 　㉡ 회원제 골프장(일반 및 회원권 중과 ×) ② 고급오락장(건축물, 부속토지 10배) 　➕ 신고기한 내 용도변경 시 중과 × ③ 고급선박 ④ 고급주택(건축물, 부속토지 10배) 　➕ 신고기한 내 용도변경 시 중과 × 　㉠ 다가구: 각각 1구를 공동주택 기준 적용 　㉡ 겸용주택: 주거용 면적만 주택	① 공장 신설·증설: 토지, 건축물, 차량, 기계(5년 내 취득) ② 중과 배제 　㉠ 산업단지·유치지역, 공업지역, 도시형 공장 　㉡ 연면적 500m² 미만 　㉢ 승계취득, 업종변경, 동일 규모 재축, 기계 등 노후대체 　㉣ 과밀 ➡ 과밀 　㉤ 5년 경과 후 신설·증설	① 공장 신설·증설: 토지, 건축물
	③ 모든 법인의 본점용 부동산 신축·증축: 토지, 건축물(신탁부동산 포함)	③ 모든 법인의 모든 부동산 취득 　㉠ 토지, 건축물(신탁부동산 포함) 　㉡ 산업단지, 도시형 업종 중과배제

1. 중과되는 지역

과밀억제권역 = 대도시(산업단지 등 제외)

2. 취득세 세율 적용방법

① 5년간 사후관리[추징세액 = 중과세액 − 기납부세액(가산세 제외)]

② 신설·증설한 자 ≠ 소유자: 소유자가 신설·증설한 것으로 보아 중과세율 적용

③ 둘 이상의 세율 적용 시 높은 세율, 과밀억제권역 및 대도시 동시 적용 시 표준세율의 3배

| 7절 | **취득세 비과세**

비과세

1. 국가 등이 취득: 상호주의
2. 기부채납조건: 기부채납 미이행 또는 무상사용권 등을 받은 경우 과세
3. 「신탁법」에 의한 신탁(위탁자와 수탁자 간, 수탁자변경): 주택조합은 과세
4. 「징발법」 등에 의한 환매(일반환매는 표준세율 − 2%의 특례세율 적용)
5. 임시건축물(1년 이하)
   ① 1년 초과 시 특례세율(중과기준세율 2%)
   ② 단, 사치성 재산의 경우 무조건 과세
6. 공동주택의 개수: 대수선 제외, 개수 당시 시가표준액 9억원 이하
7. 상속 당시 사용할 수 없는 차량 등

1 국가 등에 대한 비과세

31회 · 32회

1. 국가 등의 취득

① 국가 또는 지방자치단체(다른 법률에서 국가 또는 지방자치단체로 의제되는 법인은 제외한다), 「지방
자치법」에 따른 지방자치단체조합, 외국정부 및 주한국제기구의 취득에 대해서는 취득세를 부과하지
아니한다.
　　　　　　　　　　　　　　　　　　　　　　　　　　　　　　　• LH공사가 대표적

② 대한민국 정부기관의 취득에 대하여 과세하는 외국정부의 취득에 대해서는 취득세를 부과한다.

2. 국가 등에 귀속 또는 기부채납을 조건으로 취득

국가, 지방자치단체 또는 지방자치단체조합에 귀속 또는 기부채납을 조건으로 취득하는 부동산 및 사회
기반시설에 대해서는 취득세를 부과하지 아니한다. 다만, 다음의 어느 하나에 해당하는 경우 그 해당 부
분에 대해서는 취득세를 부과한다.

① 국가 등에 귀속 등의 조건을 이행하지 아니하고 타인에게 매각·증여하거나 귀속 등을 이행하지 아니
하는 것으로 조건이 변경된 경우

② 국가 등에 귀속 등의 반대급부로 국가 등이 소유하고 있는 부동산 및 사회기반시설을 무상으로 양여
받거나 기부채납대상물의 무상사용권을 제공받는 경우

1. 신탁에 의한 취득

신탁(신탁법에 따른 신탁으로서 신탁등기가 병행되는 것만 해당한다)으로 인한 신탁재산의 취득으로서 다음의 어느 하나에 해당하는 경우에는 취득세를 부과하지 아니한다. 다만, 신탁재산의 취득 중 주택조합 등과 조합원 간의 부동산 취득 및 주택조합 등의 비조합원용 부동산 취득은 제외한다.

① 위탁자로부터 수탁자에게 신탁재산을 이전하는 경우
② 신탁의 종료로 인하여 수탁자로부터 위탁자에게 신탁재산을 이전하는 경우
③ 수탁자가 변경되어 신수탁자에게 신탁재산을 이전하는 경우

2. 법률에 따른 환매권 행사의 취득

「징발재산 정리에 관한 특별조치법」 또는 「국가보위에 관한 특별조치법 폐지법률」 부칙 제2항에 따른 동원대상지역 내의 토지의 수용·사용에 관한 환매권의 행사로 매수하는 부동산의 취득에 대하여는 취득세를 부과하지 아니한다.

3. 임시건축물의 취득

① 임시흥행장, 공사현장사무소 등(사치성 재산은 제외한다) 임시건축물의 취득에 대하여는 취득세를 부과하지 아니한다.
② 다만, 존속기간이 1년을 초과하는 경우에는 취득세를 부과한다.
　　　└─→ 중과기준세율(1천분의 20)로 부과한다.

4. 공동주택의 개수로 인한 취득

「주택법」에 따른 공동주택의 개수(건축법에 따른 대수선은 제외한다)로 인한 취득 중 개수로 인한 취득 당시 주택의 시가표준액이 9억원 이하인 주택의 개수로 인한 취득에 대해서는 취득세를 부과하지 아니한다.

5. 사용할 수 없는 차량

다음의 어느 하나에 해당하는 차량에 대해서는 상속에 따른 취득세를 부과하지 아니한다.
① 상속개시 이전에 천재지변·화재·교통사고·폐차·차령초과(車齡超過) 등으로 사용할 수 없게 된 차량으로서 대통령령으로 정하는 차량
② 차령초과로 사실상 차량을 사용할 수 없는 경우 등 대통령령으로 정하는 사유로 상속으로 인한 이전등록을 하지 아니한 상태에서 폐차함에 따라 상속개시일부터 3개월 이내에 말소등록된 차량

규's 출제포인트

납세절차

1. 지방세(특·광·도) − 물건 소재지 시·군·구에 징수위임: 둘 이상 지방자치단체에 걸쳐 있는 경우 안분계산(시가표준액 기준)

2. 신고납부기한
   ① 취득일~60일(잔금 후 허가 시 허가일~60일)
   ② 증여(부담부증여 포함): 취득일이 속하는 달의 말일~3개월
   ③ 상속: 상속개시일이 속하는 달의 말일~6개월(해외에 주소를 둔 경우 9개월)
   ④ 일반 ➡ 중과, 비과세 ➡ 과세: 사유발생일~60일
   ⑤ 등기·등록 시: 등기·등록신청서의 접수 전까지

3. 가산세(신고불성실, 납부지연 외)
   ① 100분의 10(10%): 법인장부 기장 불성실 시
   ② 중가산세 100분의 80(80%): 미신고 후 매각(간주취득 및 등기를 요하지 않는 자산 제외) 시
   ③ 골프회원권 등 회원권은 중가산세 적용

4. 분납, 물납제도 없음(면세점 50만원 이하)

5. 등기·등록관서의 장은 미납세액, 부족세액 발견 시 다음 달 10일까지 관할 시·군·구에 통보

6. 부가세
   ① 납부 시: 농어촌특별세 10%, 지방교육세 20%
   ② 감면 시: 농어촌특별세 20%

1 납세지

1. 부동산

부동산 취득세의 납세지는 그 부동산 소재지이다.

2. 납세지가 불분명한 경우

납세지가 분명하지 아니한 경우에는 해당 취득물건의 소재지를 그 납세지로 한다.

3. 둘 이상의 지방자치단체에 걸쳐 있는 경우

같은 취득물건이 둘 이상의 지방자치단체에 걸쳐 있는 경우에는 각 시·군·구에 납부할 취득세를 산출할 때 그 과세표준은 취득 당시의 가액을 취득물건의 소재지별 시가표준액 비율로 나누어 계산한다.

다음에 따라 취득세를 신고하려는 자는 행정안전부령으로 정하는 신고서에 취득물건, 취득일 및 용도 등을 적어 납세지를 관할하는 시장·군수·구청장에게 신고하여야 한다.

1. 일반적인 경우

취득세 과세물건을 취득한 자는 그 취득한 날부터 60일 이내에 그 과세표준에 세율을 적용하여 산출한 세액을 신고하고 납부하여야 한다.

2. 허가구역 내 토지취득의 경우

「부동산 거래신고 등에 관한 법률」에 따른 토지거래계약에 관한 허가구역에 있는 토지를 취득하는 경우로서 토지거래계약에 관한 허가를 받기 전에 거래대금을 완납한 경우에는, 그 허가일이나 허가구역의 지정 해제일 또는 축소일로부터 60일 이내에 그 과세표준에 세율을 적용하여 산출한 세액을 신고하고 납부하여야 한다.

3. 무상취득의 경우

① **증여 등 취득 시**: 상속을 제외한 무상취득 또는 증여자의 채무를 인수하는 부담부증여로 인한 취득의 경우는 취득일이 속하는 달의 말일부터 3개월 이내에 그 과세표준에 세율을 적용하여 산출한 세액을 신고하고 납부하여야 한다.

② **상속으로 취득 시**: 상속으로 인한 경우는 상속개시일이 속하는 달의 말일부터, 실종으로 인한 경우는 실종선고일이 속하는 달의 말일부터 각각 6개월(외국에 주소를 둔 상속인이 있는 경우에는 각각 9개월) 이내에 그 과세표준에 세율을 적용하여 산출한 세액을 신고하고 납부하여야 한다.

4. 취득 후 중과세대상이 된 경우

취득세 과세물건을 취득한 후에 그 과세물건이 중과세율의 적용대상이 되었을 때에는 중과세대상이 된 날부터 60일 이내에 중과세율을 적용하여 산출한 세액에서 이미 납부한 세액(가산세는 제외)을 공제한 금액을 세액으로 하여 신고하고 납부하여야 한다.

5. 비과세 등이 과세대상이 된 경우

법령에 따라 취득세를 비과세, 과세면제 또는 경감받은 후에 해당 과세물건이 취득세 부과대상 또는 추징대상이 되었을 때에는 그 사유 발생일부터 60일 이내에 해당 과세표준에 세율을 적용하여 산출한 세액[경감받은 경우에는 이미 납부한 세액(가산세는 제외)을 공제한 세액을 말한다]을 신고하고 납부하여야 한다.

6. 등기·등록하려는 경우

위 **1.**부터 **5.**까지의 신고·납부기한 이내에 재산권과 그 밖의 권리의 취득·이전에 관한 사항을 공부(公簿)에 등기하거나 등록하려는 경우에는 등기 또는 등록신청서를 등기·등록관서에 접수하는 날까지 취득세를 신고·납부하여야 한다.

7. 채권자대위자의 신고납부

① 「부동산등기법」에 따라 채권자대위권에 의한 등기신청을 하려는 채권자는 납세의무자를 대위하여 부동산의 취득에 대한 취득세를 신고납부할 수 있다. 이 경우 채권자대위자는 행정안전부령으로 정하는 바에 따라 납부확인서를 발급받을 수 있다.

② 지방자치단체의 장은 ①에 따른 채권자대위자의 신고납부가 있는 경우 납세의무자에게 그 사실을 즉시 통보하여야 한다.

3 보통징수 33회

1. 세액의 추징

다음의 어느 하나에 해당하는 경우에는 법령에 따른 산출세액 또는 그 부족세액에 「지방세기본법」의 규정에 따라 산출한 가산세를 합한 금액을 세액으로 하여 보통징수의 방법으로 징수한다.

① 취득세 납세의무자가 신고 또는 납부의무를 다하지 아니한 경우

② 일시적 2주택으로 신고하였으나 신규주택 취득일로부터 3년 내에 종전 주택을 처분하지 못하여 1주택으로 되지 아니한 경우

2. 가산세

(1) 일반가산세

① 무신고가산세

구분	무신고가산세
일반적인 무신고	무신고납부세액의 100분의 20
사기, 부정행위로 인한 무신고	무신고납부세액의 100분의 40

② 과소신고가산세

구분	과소신고가산세
일반적인 과소신고	(과소신고납부세액 – 부정과소신고납부세액)의 100분의 10
사기, 부정행위로 인한 과소신고	부정과소신고납부세액의 100분의 40

③ **납부지연가산세**: 납부하지 아니한 세액 또는 과소납부분 세액에 1일 22/100,000를 곱한 금액

(2) 중가산세

① 납세의무자가 취득세 과세물건을 사실상 취득한 후 신고를 하지 아니하고 매각하는 경우에는 산출세액에 100분의 80을 가산한 금액을 세액으로 하여 보통징수의 방법으로 징수한다.

② 다만, 다음의 경우에는 중가산세를 적용하지 아니한다(즉, 일반무신고가산세 적용).

    ㉠ 취득세 과세물건 중 등기 또는 등록이 필요하지 아니하는 과세물건(골프회원권, 승마회원권, 콘도미니엄회원권, 종합체육시설이용회원권 및 요트회원권은 제외한다)

        골프회원권 등을 신고하지 않고 매각 시 중가산세를 적용한다. •━━┘

    ㉡ 지목변경, 차량·기계장비 또는 선박의 종류변경, 주식 등의 취득 등 취득으로 보는 과세물건

3. 수정신고 시 가산세 배제

납세의무자가 신고기한까지 취득세를 시가인정액으로 신고한 후 지방자치단체의 장이 세액을 경정하기 전에 그 시가인정액을 수정신고한 경우에는 「지방세기본법」에 따른 가산세를 부과하지 아니한다.

4. 법인장부 등의 작성과 보존 불성실 가산세

① 취득세 납세의무가 있는 법인은 취득 당시 가액을 증명할 수 있는 장부와 관련 증거서류를 작성하여 갖춰 두어야 한다.

② 지방자치단체의 장은 취득세 납세의무가 있는 법인이 ①에 따른 의무를 이행하지 아니하는 경우에는 산출된 세액 또는 부족세액의 100분의 10에 상당하는 금액을 징수하여야 할 세액에 가산한다.

4   매각통보
31회

다음의 자는 취득세 과세물건을 매각(연부로 매각한 것을 포함한다)하면 매각일부터 30일 이내에 그 물건 소재지를 관할하는 지방자치단체의 장에게 통보하거나 신고하여야 한다.

① 국가, 지방자치단체 또는 지방자치단체조합

② 국가 또는 지방자치단체의 투자기관(재투자기관을 포함한다)

③ 그 밖에 ① 및 ②에 준하는 기관 및 단체로서 대통령령으로 정하는 자

5   면세점
31회 · 33회

① 취득가액이 50만원 이하일 때에는 취득세를 부과하지 아니한다.

② 토지나 건축물을 취득한 자가 그 취득한 날부터 1년 이내에 그에 인접한 토지나 건축물을 취득한 경우에는 각각 그 전후의 취득에 관한 토지나 건축물의 취득을 1건의 토지 취득 또는 1구의 건축물 취득으로 보아 면세점 여부를 판단한다.

6   등기자료의 통보

등기·등록관서의 장은 등기 또는 등록 후에 취득세가 납부되지 아니하였거나 납부부족액을 발견하였을 때에는 다음 달 10일까지 납세지를 관할하는 시장·군수·구청장에게 통보하여야 한다.

7   부가세

1. 납부 시 부가세

취득세 납부 시 부가세는 다음과 같다.

① **농어촌특별세**: 취득세의 표준세율을 2%로 적용하여 산출한 세액의 10%

② **지방교육세**

    ⊙ 표준세율에서 중과기준세율을 뺀 세율을 적용하여 산출한 세액의 20%

    ⓒ 1~3%의 세율이 적용되는 주택의 유상거래의 경우 해당 세율에 50%를 곱하여 산출한 세액의 20%

2. 감면 시 부가세

취득세 감면 시에는 감면세액의 20%를 농어촌특별세로 부과한다.

규's 출제포인트

등록면허세 과세대상 및 과세표준

1. 특징: 지방세(도·구), 보통세, 물세, 종가세, 종량세(말소, 변경 등), 유통세, 행위세, 신고주의, 형식주의

2. 과세대상: 등기·등록행위

3. 납세의무자

   ① 등기·등록을 하는 권리자(외형상 권리자)

   ② 대위등기 시 그 권리의 소유자

      예 甲소유 미등기건물 채권자인 乙이 소유권 대위등기 시 甲이 납세의무

   ③ 등기 무효, 취소 시 기부과 등록면허세 환급 ×

4. 과세표준

구분	과세표준
부동산가액	소유권, 지상권, 지역권(요역지가액) ① (등기·등록 당시 가액)신고가액 vs 시가표준액 ② 자산재평가, 감가상각 등으로 가액 변경 시: 변경된 가액
채권금액	저당권, 가압류, 가처분, 경매신청 ① 채권최고액이 있는 경우: 채권최고액 ② 채권금액 표시가 없는 경우: 목적이 된 가액, 처분제한의 목적이 된 금액
기타	① 전세권: 전세금액 ② 임차권: 월임대차금액(보증금 제외)
건수	변경, 소멸, 합필 등(건당 6천원)

| 1절 | 의의 및 특징

1 의의

① '등록면허세'는 각종 등록을 하거나 면허를 받는 자에게 그 등록, 면허의 종류에 따라 부과되는 도·구·특별자치도·특별자치시세이다.

② '등록'이란 재산권과 그 밖의 권리의 설정·변경 또는 소멸에 관한 사항을 공부에 등기하거나 등록하는 것을 말한다. 다만, 취득세 과세대상에 해당하는 취득을 원인으로 이루어지는 등기 또는 등록은 제외하되, 다음의 어느 하나에 해당하는 등기나 등록은 포함한다.

　㉠ 광업권·어업권 및 양식업권의 취득에 따른 등록

　㉡ 외국인 소유의 취득세 과세대상 물건(차량, 기계장비, 항공기 및 선박만 해당한다)의 연부취득에 따른 등기 또는 등록

　㉢ 취득세에 대한 부과제척기간이 경과한 물건의 등기 또는 등록

　㉣ 취득세 면세점(취득가액 50만원 이하)에 해당하는 물건의 등기 또는 등록

2 특징

1. 신고납부

등록면허세는 신고함으로써 납세의무가 확정되는 지방세이다.

┌─● 등기원인 등이 취소되어도 납부한 등록면허세는 환급되지 아니한다.

2. 유통세, 행위세, 수수료형 조세

등록면허세는 그 등기·등록행위에 대하여 과세하는 행위세이고, 재산권의 유통단계에 과세하는 유통세이며 수수료의 성격을 가지고 있는 조세이다.

3. 형식주의

등록면허세는 외형적 요건만 갖추면 실지권리자 여부와는 관계없이 납세의무가 성립하는 형식주의 과세에 해당하는 조세이다.

4. 최저세액

면세점이나 소액징수면제 제도를 두고 있지 않고 오히려 세액이 6천원 미만인 경우 6천원을 징수하는 최저세액 규정을 적용하고 있다.

5. 종가세, 종량세

등록면허세는 대부분 채권금액 등을 과세표준으로 하는 종가세이지만, 권리의 소멸이나 변경 등은 건수를 과세표준으로 하는 종량세로서의 성격도 가지고 있다.

| 2절 | 납세의무자 및 과세표준

1 납세의무자

32회 · 34회

① 재산권과 그 밖의 권리의 설정·변경 또는 소멸에 관한 사항을 공부에 등기하거나 등록하는 경우에 그 등록을 하는 자가 등록면허세를 납부할 의무를 진다.
  ㉠ **지상권설정·이전**: 지상권자
  ㉡ **지역권설정·이전**: 지역권자(요역지 소유자)
  ㉢ **저당권설정·이전**: 저당권자(채권자)
  ㉣ **전세권설정·이전**: 전세권자
  ㉤ **임차권설정·이전**: 임차권자(임차인)
  ㉥ **말소등기**: 그 등기의 설정자(저당권의 경우 저당권설정자인 채무자)

> **참고**
>
> **대위등기의 납세의무자**
> 지방세 체납처분으로 그 소유권을 국가 또는 지방자치단체 명의로 이전하는 경우에 이미 그 물건에 전세권, 가등기, 압류등기 등으로 되어 있는 것을 말소하는 대위적 등기와 성명의 복구나 소유권의 보존 등 일체의 채권자 대위적 등기에 대하여는 그 소유자가 등록면허세를 납부하여야 한다.

② 등기·등록이 된 이후 법원의 판결 등에 의해 그 등기 또는 등록이 무효 또는 취소가 되어 등기·등록이 말소된다 하더라도 이미 납부한 등록면허세는 과오납으로 환급할 수 없다.

2 과세표준

30회 · 31회 · 32회 · 33회 · 34회

1. 부동산가액

소유권, 지상권, 지역권 등기 시 부동산가액(지역권은 요역지가액)을 과세표준으로 한다.
  ① 부동산, 선박, 항공기, 자동차 및 건설기계의 등록에 대한 등록면허세의 과세표준은 등록 당시의 가액으로 한다.
  ② 위 ①에 따른 과세표준은 등록자의 신고에 따른다. 다만, 신고가 없거나 신고가액이 시가표준액보다 적은 경우에는 시가표준액을 과세표준으로 한다.
  ③ 위 ②에도 불구하고 아래에 따른 취득을 원인으로 하는 등록의 경우 다음에 따른 가액을 과세표준으로 한다. 다만, 등록 당시에 자산재평가 또는 감가상각 등의 사유로 그 가액이 달라진 경우에는 변경된 가액을 과세표준으로 한다.
    ㉠ 광업권 등, 외국인 소유 차량 등 연부, 면세점 해당 물건: 취득 당시 가액
    ㉡ 취득세 부과제척기간이 경과한 물건: 등록 당시의 가액과 취득 당시 가액 중 높은 가액

2. 채권금액

① 저당권, 가압류, 가처분, 경매신청, 저당권에 대한 가등기의 경우 일정한 채권금액이 있으면 채권금액을 과세표준으로 한다.

② 채권금액으로 과세액을 정하는 경우에 일정한 채권금액이 없을 때에는 채권의 목적이 된 것의 가액 또는 처분제한의 목적이 된 금액을 그 채권금액으로 본다.

3. 전세금액, 월임대차금액

전세권은 전세금액, 임차권은 월임대차금액을 과세표준으로 한다.
└• 보증금 제외

4. 건수

말소등기, 지목변경등기, 토지합필등기, 건물의 구조변경등기 등은 건수를 과세표준으로 하며 이를 기준으로 정액세율을 적용한다.

규's 출제포인트

등록면허세 세율, 비과세 및 납세절차

1. 세율

① 소유권(면세점 이하, 제척기간 만료): 취득세 표준세율 − 2%(농지, 비영리 고려 ×), 주택의 유상(1~3%) × 50%

⦾ 농지 상속 시 1천분의 8(0.8%), 비영리사업자 증여취득 시 1천분의 15(1.5%)

② 기타: 1천분의 2(0.2%), 대도시 내 법인, 부동산등기 시 표준세율의 100분의 300(3배)

③ 부동산등기 시 6천원 미만: 6천원

2. 비과세 및 납세절차

비과세	납세절차
① 국가 등이 등기: 상호주의 ②「채무자 회생 및 파산에 관한 법률」에 따른 등기 또는 등록 ③ 행정구역변경 등 각종 경정등기 ④ 무덤	① 지방세(도·구) − 물건 소재지 시·군·구에 징수위임 　㉠ 둘 이상 지방자치단체에 걸쳐 있어 지방자치단체별로 안분할 수 없는 경우: 등록관청 소재지 　㉡ (같은 채권 담보)둘 이상 저당권을 등록하는 경우: 처음 등록하는 등록관청 소재지 　㉢ 납세자가 불분명한 경우: 등록관청 소재지 ② 신고납부기한 　㉠ 등기·등록 전까지, 채권자 대위납부 가능 　㉡ 일반 ➡ 중과, 비과세 ➡ 과세: 사유발생일~60일 　㉢ 등록관청장은 미납세액, 부족세액 발견 시 다음 달 10일까지 관할 시·군·구에 통보 ③ 가산세(신고불성실, 납부지연): 신고하지 아니하고 납부 시 신고하고 납부한 것으로 봄(가산세 없음) ④ 분납, 물납제도 없음, 최저세액 6천원 ⑤ 부가세 　㉠ 납부 시: 지방교육세 　㉡ 감면 시: 농어촌특별세

| 3절 | 세율

1 표준세율

지방자치단체의 장은 조례로 정하는 바에 따라 등록면허세의 세율을 다음 표준세율의 100분의 50의 범위에서 가감할 수 있다.

구분		과세표준	세율
소유권보존등기		부동산가액	1천분의 8
소유권 이전등기	유상(농지 포함)	부동산가액	1천분의 20 (1천분의 10~1천분의 30의 세율이 적용되는 주택의 경우에는 해당 주택의 취득세율에 100분의 50을 곱한 세율)
	상속(농지 포함)		1천분의 8
	상속 이외 무상 (비영리사업자 포함)		1천분의 15
소유권 외의 물권과 임차권의 설정 및 이전	지상권	부동산가액	1천분의 2
	지역권	요역지가액	
	전세권	전세금액	
	임차권	월임대차금액	
	저당권, 가압류, 가처분, 경매신청	채권금액	
	가등기	부동산가액 또는 채권금액	
그 밖의 등기(말소, 변경등기 등)		건당	6천원

2 중과세율 30회

① 다음의 어느 하나에 해당하는 등기를 할 때에는 표준세율의 100분의 300으로 한다.
　　㉠ 대도시에서 법인을 설립(설립 후 또는 휴면법인을 인수한 후 5년 이내에 자본 또는 출자액을 증가하
　　　는 경우를 포함한다)하거나 지점이나 분사무소를 설치함에 따른 등기
　　㉡ 대도시 밖에 있는 법인의 본점이나 주사무소를 대도시로 전입(전입 후 5년 이내에 자본 또는 출자액이
　　　증가하는 경우를 포함한다)함에 따른 등기. 이 경우 전입은 법인의 설립으로 보아 세율을 적용한다.
② 부동산등기에 대한 산출세액이 6천원 미만일 때에는 6천원의 100분의 300으로 한다.
③ 다만, 대도시에 설치가 불가피하다고 인정되는 업종으로서 대통령령으로 정하는 업종에 대해서는 중과세
　　율을 적용하지 아니한다. → 중과 제외 업종: 은행업, 유통산업, 의료업 등

| 4절 | 비과세

1 국가 등에 대한 비과세 34회

① 국가, 지방자치단체, 지방자치단체조합, 외국정부 및 주한국제기구가 자기를 위하여 받는 등록 또는 면
　　허에 대하여는 등록면허세를 부과하지 아니한다.
② 다만, 대한민국 정부기관의 등록 또는 면허에 대하여 과세하는 외국정부의 등록 또는 면허의 경우에는
　　등록면허세를 부과한다.

2 형식적인 등기 · 등록에 대한 비과세 30회 · 31회 · 34회

다음의 어느 하나에 해당하는 등기 · 등록에 대하여는 등록면허세를 부과하지 아니한다.
① 「채무자 회생 및 파산에 관한 법률」에 따른 등기 또는 등록
② 행정구역의 변경, 주민등록번호의 변경, 지적(地籍)소관청의 지번변경, 계량단위의 변경, 등기 또는 등록
　　담당 공무원의 착오 및 이와 유사한 사유로 인한 등기 또는 등록으로서 주소, 성명, 주민등록번호, 지번,
　　계량단위 등의 단순한 표시변경 · 회복 또는 경정등기 또는 등록
③ 무덤과 이에 접속된 부속시설물의 부지로 사용되는 토지로서 지적공부상 지목이 묘지인 토지에 관한 등기

납세절차

1 납세지 30회 · 31회 · 32회 · 33회 · 34회

① 부동산등기에 대한 등록면허세의 납세지는 부동산 소재지이다.

② 같은 등록에 관계되는 재산이 둘 이상의 지방자치단체에 걸쳐 있어 등록면허세를 지방자치단체별로 부과할 수 없을 때에는 등록관청 소재지를 납세지로 한다.

③ 같은 채권의 담보를 위하여 설정하는 둘 이상의 저당권을 등록하는 경우에는 이를 하나의 등록으로 보아 그 등록에 관계되는 재산을 처음 등록하는 등록관청 소재지를 납세지로 한다.

④ 납세지가 분명하지 아니한 경우에는 등록관청 소재지를 납세지로 한다.

2 징수방법 30회 · 31회

1. 원칙: 신고납부

① **일반적인 경우**: 등록을 하려는 자는 과세표준에 세율을 적용하여 산출한 세액을 등록을 하기 전까지 납세지를 관할하는 지방자치단체의 장에게 신고하고 납부하여야 한다.

② **중과세대상이 된 경우**: 등록면허세 과세물건을 등록한 후에 해당 과세물건이 중과세율의 적용대상이 되었을 때에는, 그 사유발생일부터 60일 이내에 중과세율을 적용하여 산출한 세액에서 이미 납부한 세액(가산세는 제외)을 공제한 금액을 세액으로 하여 납세지를 관할하는 지방자치단체의 장에게 신고하고 납부하여야 한다.

③ **비과세 등이 과세대상이 된 경우**: 등록면허세를 비과세, 과세면제 또는 경감받은 후에 해당 과세물건이 등록면허세 부과대상 또는 추징대상이 되었을 때에는, 그 사유 발생일부터 60일 이내에 해당 과세표준에 해당세율을 적용하여 산출한 세액[경감받은 경우에는 이미 납부한 세액(가산세는 제외)을 공제한 세액을 말한다]을 납세지를 관할하는 지방자치단체의 장에게 신고하고 납부하여야 한다.

④ **신고의제**: 신고의무를 다하지 아니한 경우에도 등록면허세 산출세액을 등록을 하기 전까지 납부하였을 때에는 신고를 하고 납부한 것으로 본다. 이 경우 무신고가산세 및 과소신고가산세를 부과하지 아니한다.

2. 예외: 보통징수

① 등록면허세 납세의무자가 신고 또는 납부의무를 다하지 아니하면 산출한 세액 또는 그 부족세액에 「지방세기본법」 규정에 따른 다음의 가산세를 합한 금액을 세액으로 하여 보통징수의 방법으로 징수한다.

⊙ 무신고가산세

구분	무신고가산세
일반적인 무신고	무신고납부세액의 100분의 20
사기, 부정행위로 인한 무신고	무신고납부세액의 100분의 40

ⓛ 과소신고가산세

구분	과소신고가산세
일반적인 과소신고	(과소신고납부세액 − 부정과소신고납부세액)의 100분의 10
사기, 부정행위로 인한 과소신고	부정과소신고납부세액의 100분의 40

ⓒ **납부지연가산세**: 납부하지 아니한 세액 또는 과소납부분 세액에 1일 22/100,000를 곱한 금액

② 등기·등록관서의 장은 등기 또는 등록 후에 등록면허세가 납부되지 아니하였거나 납부부족액을 발견하였을 때에는 다음 달 10일까지 납세지를 관할하는 시장·군수·구청장에게 통보하여야 한다.

3 부가세 등

1. 납부 시 부가세: 지방교육세

등록면허세 납부세액의 100분의 20을 지방교육세로 부과한다.

2. 감면 시 부가세: 농어촌특별세

등록면허세 감면 시 감면세액의 100분의 20을 농어촌특별세로 부과한다.

3. 최저세액

부동산등기의 경우 세액이 6천원 미만일 때에는 6천원으로 한다.

| 1절 | 의의 및 특징, 과세대상

재산세의 특징 및 과세대상

1. 특징: 지방세(시·군·구, 특별시는 구와 공동과세), 보통세, 물세, 인세(종합합산, 별도합산과세대상 토지), 보유세, 종가세, 부과주의, 사실현황에 따라 부과(단, 무허가 및 일시적 이용으로 재산세 부담이 낮아지는 경우 등은 공부상 현황)
2. 과세대상: 관할구역 내 토지, 건축물, 주택(토지 + 건축물), 선박, 항공기
   ① 다가구주택: 1구를 1주택
   ② 겸용주택
      ㉠ 1동: 주거용 면적만 주택, 1구: 주거용이 50% 이상이면 전부 주택
      ㉡ 무허가 면적이 50% 이상인 경우 해당 건축물을 주택으로 보지 아니하고 토지는 종합합산과세대상

1 의의 및 특징

30회

1. 의의

재산세는 토지, 건축물, 주택, 선박, 항공기의 보유에 대하여 과세기준일(매년 6월 1일) 현재 보유자에게 정기적으로 부과하는 시·군·구세이다(특별시는 구와 공동과세).

2. 특징

① **보통징수**: 재산세는 과세관청에서 세액을 결정하여 보통징수방식으로 징수한다.
② **보유세**: 재산세는 과세대상 물건을 보유하는 동안 매년 부과하는 보유세이다.
③ **실질과세**: 과세대상 물건의 공부상 등재현황과 사실상의 현황이 다를 경우에는 사실상 현황에 의하여 재산세를 부과한다. 다만, 재산세의 과세대상 물건을 공부상 등재현황과 달리 이용함으로써 재산세 부담이 낮아지는 다음의 경우에는 공부상 등재현황에 따라 재산세를 부과한다.
   ㉠ 관계 법령에 따라 허가 등을 받아야 함에도 불구하고 허가 등을 받지 않고 재산세의 과세대상 물건을 이용하는 경우로서, 사실상 현황에 따라 재산세를 부과하면 오히려 재산세 부담이 낮아지는 경우
   ㉡ 재산세 과세기준일 현재의 사용이 일시적으로 공부상 등재현황과 달리 사용하는 것으로 인정되는 경우

1. 토지

'토지'란 「공간정보의 구축 및 관리 등에 관한 법률」에 따라 지적공부의 등록대상이 되는 토지와 그 밖에 사용되고 있는 사실상의 토지를 말한다. 다만, 주택의 부속토지는 주택분 재산세로 과세되기에 제외한다.

2. 건축물

① '건축물'이란 「건축법」에 따른 건축물과 토지에 정착하거나 지하 또는 다른 구조물에 설치하는 레저시설, 저장시설, 도크(dock)시설, 접안시설, 도관시설, 급수·배수시설, 에너지 공급시설 및 그 밖에 이와 유사한 시설(이에 딸린 시설을 포함한다)을 말한다.

② 공부상 등재되지 아니한 건축물이나 「건축법」상 허가를 받지 않은 건축물에 대해서도 과세한다. 다만, 주거용 건축물은 주택분 재산세로 과세하기에 제외한다.

3. 주택

① '주택'이란 세대(世帶)의 구성원이 장기간 독립된 주거생활을 할 수 있는 구조로 된 건축물의 전부 또는 일부 및 그 부속토지를 말하며, 단독주택과 공동주택으로 구분한다. 이 경우 토지와 건축물의 범위에서 주택은 제외한다. 즉, 주택 및 부속토지는 토지분, 건축물분이 아닌 주택분 재산세로 과세된다.

② 주택의 부속토지의 경계가 명백하지 아니한 경우에는 그 주택의 바닥면적의 10배에 해당하는 토지를 주택의 부속토지로 한다.

③ **다가구주택**: 다가구주택은 1가구가 독립하여 구분사용할 수 있도록 분리된 부분을 1구의 주택으로 본다. 이 경우 그 부속토지는 건물면적의 비율에 따라 각각 나눈 면적을 1구의 부속토지로 본다.

④ **겸용주택 등**

ⓧ 1동(棟)의 건물이 주거와 주거 외의 용도로 사용되고 있는 경우에는 주거용으로 사용되는 부분만을 주택으로 본다. 이 경우 건물의 부속토지는 주거와 주거 외의 용도로 사용되는 건물의 면적비율에 따라 각각 안분하여 주택의 부속토지와 건축물의 부속토지로 구분한다.

ⓛ 1구(構)의 건물이 주거와 주거 외의 용도로 사용되고 있는 경우에는 주거용으로 사용되는 면적이 전체의 100분의 50 이상인 경우에는 주택으로 본다.

ⓒ 건축물에서 허가 등이나 사용승인(임시사용승인을 포함한다)을 받지 아니하고 주거용으로 사용하는 면적이 전체 건축물 면적(허가 등이나 사용승인을 받은 면적을 포함한다)의 100분의 50 이상인 경우에는 그 건축물 전체를 주택으로 보지 아니하고, 그 부속토지는 종합합산과세대상 토지로 본다.

4. 항공기

'항공기'란 사람이 탑승·조종하여 항공에 사용하는 비행기, 비행선, 활공기(滑空機), 회전익(回轉翼) 항공기 및 그 밖에 이와 유사한 비행기구를 말한다.

5. 선박

'선박'이란 기선, 범선, 부선(艀船) 및 그 밖에 명칭에 관계없이 모든 배를 말한다.

| 2절 | 납세의무자

규's 출제포인트

납세의무자

1. 원칙: 6월 1일 현재 사실상 소유자
   ① 공유 시: 지분권자 각자(지분표시 없을 시: 균등)
   ② 주택건물, 부속토지소유자 다를 시: 산출세액을 시가표준액기준 안분
2. 의제납세의무자
   ① 소유권 변동 및 사실상 종중재산 신고 ×, 파산종결 시까지 파산재산에 속하는 경우: 공부상 소유자
   ② 상속 후 미등기, 사실상 소유자 미신고: 주된 상속자
   ③ 국가 등 + 연부 + 무상사용권: 매수계약자
   ④ 체비지, 보류지: 사업시행자
   ⑤「신탁법」에 의한 신탁재산: 위탁자 → 수탁자: 물적 납세의무(그 신탁재산으로써)
   ⑥ 소유권 귀속 불명 시: 사용자
   ⑦ 외국인소유 선박·항공기 수입 시: 수입자

1 일반적인 경우

재산세 과세기준일(매년 6월 1일) 현재 재산을 사실상 소유하고 있는 자는 재산세를 납부할 의무가 있다.

1. 공유재산인 경우: 그 지분권자

그 지분에 해당하는 부분(지분의 표시가 없는 경우에는 지분이 균등한 것으로 본다)에 대해서는 그 지분권자

2. 주택의 건물과 부속토지의 소유자가 다를 경우: 그 소유자

그 주택에 대한 산출세액을 건축물과 그 부속토지의 시가표준액 비율로 안분계산한 부분에 대해서는 그 소유자

2 의제납세의무자

재산세 과세기준일 현재 다음의 어느 하나에 해당하는 자는 재산세를 납부할 의무가 있다.

1. 공부상의 소유자

① 매매 등의 사유로 소유권이 변동되었는데도 신고하지 아니하여 사실상의 소유자를 알 수 없을 때

② 공부상에 개인 등의 명의로 등재되어 있는 사실상의 종중재산으로서 종중소유임을 신고하지 아니하였을 때

③ 「채무자 회생 및 파산에 관한 법률」에 따른 파산선고 이후 파산종결의 결정까지 파산재단에 속하는 재산의 경우

2. 주된 상속자 ┌→ 「민법」상 상속지분이 가장 높은 사람으로 하되,
상속지분이 가장 높은 사람이 두 명 이상이면 그중 나이가 가장 많은 사람으로 한다.

상속이 개시된 재산으로서 상속등기가 이행되지 아니하고 사실상의 소유자를 신고하지 아니하였을 때

3. 매수계약자

① 국가, 지방자치단체, 지방자치단체조합과 재산세 과세대상 재산을 연부(年賦)로 매매계약을 체결하고 그 재산의 사용권을 무상으로 받은 경우

② 국가, 지방자치단체 및 지방자치단체조합이 선수금을 받아 조성하는 매매용 토지로서 사실상 조성이 완료된 토지의 사용권을 무상으로 받은 자가 있는 경우에는 그 자를 매수계약자로 본다.

4. 위탁자

「신탁법」에 따른 수탁자의 명의로 등기 또는 등록된 신탁재산의 경우에는 위탁자(주택법에 따른 지역주택조합 및 직장주택조합이 조합원이 납부한 금전으로 매수하여 소유하고 있는 신탁재산의 경우에는 해당 지역주택조합 및 직장주택조합을 위탁자로 한다)

5. 사업시행자

도시개발사업 및 정비사업(재개발사업만 해당한다)의 시행에 따른 환지계획에서 일정한 토지를 환지로 정하지 아니하고 체비지 또는 보류지로 정한 경우

6. 수입하는 자

외국인 소유의 항공기 또는 선박을 임차하여 수입하는 경우

7. 사용자

재산세 과세기준일 현재 소유권의 귀속이 분명하지 아니하여 사실상의 소유자를 확인할 수 없는 경우

| 3절 | 과세표준 및 세율

과세표준 및 세율

1. 과세표준
   ① 6월 1일 현재 시가표준액 × 공정시장가액비율 70%(토지, 건축물) 또는 60%(주택)
   ② 사실상 취득가액 또는 법인장부가액 절대 아님

2. 세율(표준세율은 해당 연도에 한하여 50% 가감)

구분	세율
토지	① 분리과세 　㉠ 농지, 목장용지, 임야: 0.07% 　㉡ 공장용지, 산업용 토지(염전, 터미널): 0.2% 　㉢ 회원제 골프장, 고급오락장: 4% ② 별도합산과세-건축물 부속토지, 경제적 활용: 0.2~0.4%(3단계) ③ 종합합산과세-나대지, 기준면적 초과, 무허가건축물 부속토지: 0.2~0.5%(3단계)
건축물	① 일반: 0.25% ② 공장(시↑주거 등): 0.5% ③ 공장(과밀억제권역 신설·증설): 5년간 1.25% ④ 회원제 골프장, 고급오락장: 4%
주택	0.1~0.4%(4단계)(1세대 주택 9억원 이하: 0.05~0.35%, 4단계)

➕ 주택세율 적용 시: ① 다가구는 구획된 1구를 1주택, ② 공유 또는 토지, 건축물소유자가 다른 경우 토지와 건물의 가액을 합산한 과세표준에 세율 적용

---

1 과세표준

30회·31회·32회

재산세 과세표준은 언제나 과세기준일(매년 6월 1일) 현재의 시가표준액을 기준으로 산정한다.

1. 토지, 건축물, 주택

토지·건축물·주택에 대한 재산세의 과세표준은 시가표준액에 다음의 공정시장가액비율을 곱하여 산정한 가액으로 한다.
① **토지 및 건축물**: 시가표준액의 100분의 50부터 100분의 90까지(2024년은 70%)
② **주택**: 시가표준액의 100분의 40부터 100분의 80까지(단, 1세대 1주택은 100분의 30부터 100분의 70까지)(2024년은 60%)

2. 선박, 항공기

선박 및 항공기에 대한 재산세의 과세표준은 시가표준액으로 한다.

2 | 세율

1. 세율 적용

① 재산세는 물건별로 세율을 적용하는 것이 원칙이지만 토지는 분리과세대상, 별도합산과세대상, 종합
합산과세대상으로 구분하여 합산과세대상 토지는 관할구역 내 소유자의 토지가액을 각각 합산하여
세율을 적용한다.

② 별도합산과세대상, 종합합산과세대상 토지는 「지방자치법」에 따라 둘 이상의 지방자치단체가 통합된
경우에는 통합 지방자치단체의 조례로 정하는 바에 따라 5년의 범위에서 통합 이전 지방자치단체 관
할구역별로 세율을 적용할 수 있다.

③ 재산세는 다음과 같이 세율을 적용한다.

구분	세율 적용	비고
토지	㉠ 분리과세대상 토지는 해당 토지의 가액을 과세표준으로 하여 비례세율을 적용한다.	물건별 개별과세 (물세)
토지	㉡ 별도합산과세대상 토지는 납세의무자가 소유하고 있는 해당 지방자치단체 관할구역에 있는 별도합산과세대상 토지의 가액을 모두 합한 금액을 과세표준으로 하여 초과누진세율을 적용한다.	소유자별 관할구역 내 합산과세(인세)
토지	㉢ 종합합산과세대상 토지는 납세의무자가 소유하고 있는 해당 지방자치단체 관할구역에 있는 종합합산과세대상 토지의 가액을 모두 합한 금액을 과세표준으로 하여 초과누진세율을 적용한다.	소유자별 관할구역 내 합산과세(인세)
주택	주택별로 표준세율(또는 특례세율)을 적용한다. ㉠ 주택을 2명 이상이 공동으로 소유하거나 토지와 건물의 소유자가 다를 경우 해당 주택에 대한 세율을 적용할 때 해당 주택의 토지와 건물의 가액을 합산한 과세표준에 표준세율 또는 특례세율을 적용한다. ㉡ 다가구주택은 1가구가 독립하여 구분사용할 수 있도록 분리된 부분을 1구의 주택으로 본다. 이 경우 그 부속토지는 건물면적의 비율에 따라 각각 나눈 면적을 1구의 부속토지로 본다.	물건별 개별과세 (물세)
건축물, 선박, 항공기	해당 재산별로 그 과세표준액에 비례세율을 적용한다.	

2. 표준세율

재산세 표준세율은 다음과 같다. 단, 지방자치단체의 장은 특별한 재정수요나 재해 등의 발생으로 재산세의 세율 조정이 불가피하다고 인정되는 경우 조례로 정하는 바에 따라 표준세율의 100분의 50의 범위에서 가감할 수 있다. 다만, 가감한 세율은 해당 연도에만 적용한다.

(1) 분리과세대상 토지

구분	표준세율
전·답·과수원·목장용지·임야	과세표준의 1,000분의 0.7
공장용 토지, 산업용 토지(염전, 터미널) 등	과세표준의 1,000분의 2
회원제 골프장 및 고급오락장용 토지	과세표준의 1,000분의 40

(2) 별도합산과세대상 토지

과세표준에 따라 다음의 3단계 초과누진세율을 적용한다.

과세표준	세율
2억원 이하	1,000분의 2
2억원 초과 10억원 이하	40만원 + 2억원 초과금액의 1,000분의 3
10억원 초과	280만원 + 10억원 초과금액의 1,000분의 4

(3) 종합합산과세대상 토지

과세표준에 따라 다음의 3단계 초과누진세율을 적용한다.

과세표준	세율
5천만원 이하	1,000분의 2
5천만원 초과 1억원 이하	10만원 + 5천만원 초과금액의 1,000분의 3
1억원 초과	25만원 + 1억원 초과금액의 1,000분의 5

(4) 건축물

① 다음 ②, ③을 제외한 일반건축물: 1천분의 2.5

② 특별시·광역시(군 지역은 제외)·특별자치시(읍·면지역은 제외)·특별자치도(읍·면지역은 제외) 또는 시(읍·면지역은 제외) 지역에서 「국토의 계획 및 이용에 관한 법률」과 그 밖의 관계 법령에 따라 지정된 주거지역 및 해당 지방자치단체의 조례로 정하는 지역의 대통령령으로 정하는 공장용 건축물: 1천분의 5

③ 회원제 골프장, 고급오락장용 건축물: 1천분의 40

(5) 주택(부속토지 포함)

① 주택: 과세표준에 따라 다음의 4단계 초과누진세율을 적용한다.

과세표준	세율
6천만원 이하	1,000분의 1
6천만원 초과 1억 5천만원 이하	6만원 + 6천만원 초과금액의 1,000분의 1.5
1억 5천만원 초과 3억원 이하	19만 5천원 + 1억 5천만원 초과금액의 1,000분의 2.5
3억원 초과	57만원 + 3억원 초과금액의 1,000분의 4

② 1세대 1주택에 대한 특례세율

　ㄱ 대통령령으로 정하는 1세대 1주택으로 시가표준액이 9억원 이하인 주택에 대해서는 다음의 4단계 초과누진세율을 적용한다.

과세표준	세율
6천만원 이하	1,000분의 0.5
6천만원 초과 1억 5천만원 이하	3만원 + 6천만원 초과금액의 1,000분의 1
1억 5천만원 초과 3억원 이하	12만원 + 1억 5천만원 초과금액의 1,000분의 2
3억원 초과	42만원 + 3억원 초과금액의 1,000분의 3.5

　ㄴ 1세대 1주택의 해당 여부를 판단할 때 「신탁법」에 따라 신탁된 주택은 위탁자의 주택 수에 가산한다.

　ㄷ 지방자치단체의 장이 조례로 정하는 바에 따라 가감한 세율을 적용한 세액이 ㄱ의 특례세율을 적용한 세액보다 적은 경우에는 ㄱ의 특례세율을 적용하지 아니한다.

　ㄹ 「지방세특례제한법」에도 불구하고 동일한 주택이 ㄱ의 특례세율과 「지방세특례제한법」에 따른 재산세 경감 규정(자동이체 등 납부에 대한 세액공제는 제외한다)의 적용대상이 되는 경우에는 중복하여 적용하지 아니하고 둘 중 경감 효과가 큰 것 하나만을 적용한다.

(6) 선박 및 항공기

① 선박

　ㄱ 고급선박: 1천분의 50

　ㄴ 그 밖의 선박: 1천분의 3

② 항공기: 1천분의 3

3. 중과세율

① **과세대상**: 「수도권정비계획법」에 따른 과밀억제권역(산업집적활성화 및 공장설립에 관한 법률을 적용받는 산업단지 및 유치지역과 국토의 계획 및 이용에 관한 법률을 적용받는 공업지역은 제외한다)에서 행정안전부령으로 정하는 공장 신설·증설에 해당하는 경우 그 건축물

➕ 취득세에서 과밀억제권역의 공장 신설·증설에 대해 중과되는 공장의 범위와 재산세 중과세율 적용대상 공장의 범위는 같다.

② **적용세율**: 최초의 과세기준일부터 5년간 1천분의 2.5의 100분의 500에 해당하는 세율(1천분의 12.5)로 한다.

4. 재산세 도시지역분

① 지방자치단체의 장은 「국토의 계획 및 이용에 관한 법률」에 따른 도시지역 중 해당 지방의회의 의결을 거쳐 고시한 지역 안에 있는 토지, 건축물 또는 주택에 대하여는 조례로 정하는 바에 따라 다음 ㉠에 따른 세액에 ㉡에 따른 세액을 합산하여 산출한 세액을 재산세액으로 부과할 수 있다.

㉠ 과세표준에 재산세 세율을 적용하여 산출한 세액

㉡ 과세표준에 1천분의 1.4를 적용하여 산출한 세액

재산세액 = 토지등의 과세표준 × 재산세율(또는 특례세율) + 토지등의 과세표준 × 0.14%(1천분의 1.4)

② 지방자치단체의 장은 해당 연도분의 위 ①의 ㉡의 세율을 조례로 정하는 바에 따라 1천분의 2.3을 초과하지 아니하는 범위에서 다르게 정할 수 있다.

규's 출제포인트

비과세

1. 국가 등이 소유: 상호주의
2. 국가 등이 무료사용: 1년 이상 공용(유료사용 시 과세)
3. 도로, 하천, 제방, 구거, 유지 및 묘지(유상, 목적 외 사용 시 과세)
4. 임시건축물(1년 미만): 단, 사치성 재산은 과세
5. 당해 연도 철거예정 건축물 및 주택: 부속토지 및 사치성 재산은 과세
6. 임야 [암기 | 시채보존통제]
   ① 군사보호구역 + **통제**보호구역(제한보호구역은 분리과세). 단, 전·답·과수원·대지는 제외
   ② 산림보호구역, **채종림**, **시험림**
   ③ 공원자연**보존**지구(환경지구는 분리과세)
   ④ 백두대간 보호지역

1 국가 등에 대한 비과세

30회·32회·33회

1. 국가 등이 소유한 재산

국가, 지방자치단체, 지방자치단체조합, 외국정부 및 주한국제기구의 소유에 속하는 재산에 대하여는 재산세를 부과하지 아니한다. 다만, 다음의 어느 하나에 해당하는 재산에 대하여는 재산세를 부과한다.
① 대한민국 정부기관의 재산에 대하여 과세하는 외국정부의 재산
② 국가 등과 연부로 매매계약을 체결하고 무상사용권을 받음에 따라 매수계약자에게 납세의무가 있는 재산

2. 국가 등이 사용하는 재산

국가, 지방자치단체 또는 지방자치단체조합이 1년 이상 공용 또는 공공용으로 사용(1년 이상 사용할 것이 계약서 등에 의하여 입증되는 경우를 포함한다)하는 재산에 대하여는 재산세를 부과하지 아니한다. 다만, 다음의 어느 하나에 해당하는 경우에는 재산세를 부과한다.
① 유료로 사용하는 경우
② 소유권의 유상이전을 약정한 경우로서 그 재산을 취득하기 전에 미리 사용하는 경우

다음에 따른 재산(사치성 재산은 제외)에 대하여는 재산세를 부과하지 아니한다. 다만, 대통령령으로 정하는 수익사업에 사용하는 경우와 해당 재산이 유료로 사용되는 경우의 그 재산(다음 ③ 및 ⑤의 재산은 제외) 및 해당 재산의 일부가 그 목적에 직접 사용되지 아니하는 경우의 그 일부 재산에 대하여는 재산세를 부과한다.

① 대통령령으로 정하는 도로·하천·제방(특정인이 전용 시 과세)·구거·유지 및 묘지

② 「산림보호법」에 따른 산림보호구역, 그 밖에 공익상 재산세를 부과하지 아니할 타당한 이유가 있는 다음의 토지

　　㉠ 「군사기지 및 군사시설 보호법」에 따른 군사기지 및 군사시설 보호구역 중 통제보호구역에 있는 토지. 다만, 전·답·과수원 및 대지는 제외한다.

　　㉡ 「산림보호법」에 따라 지정된 산림보호구역 및 「산림자원의 조성 및 관리에 관한 법률」에 따라 지정된 채종림·시험림

　　㉢ 「자연공원법」에 따른 공원자연보존지구의 임야

　　㉣ 「백두대간 보호에 관한 법률」 제6조에 따라 지정된 백두대간 보호지역의 임야

③ 임시로 사용하기 위하여 건축된 건축물로서 재산세 과세기준일 현재 1년 미만의 것

④ 비상재해구조용, 무료도선용, 선교(船橋) 구성용 및 본선에 속하는 전마용(傳馬用) 등으로 사용하는 선박

⑤ 재산세를 부과하는 해당 연도에 철거하기로 계획이 확정되어 재산세 과세기준일 현재 행정관청으로부터 철거명령을 받았거나 철거보상계약이 체결된 건축물 또는 주택(건축법 제2조 제1항 제2호에 따른 건축물 부분으로 한정한다). 이 경우 건축물 또는 주택의 일부분을 철거하는 때에는 그 철거하는 부분으로 한정한다(다만, 부속토지는 과세).

규's 출제포인트

납세절차

1. 지방세(시·군·구) – 물건 소재지(단, 특별시는 구와 공동과세)

2. 고지(보통)징수(납기개시 5일 전까지 부과)

    ① 7/16~7/31: 건축물, 주택의 1/2, 선박, 항공기

    ② 9/16~9/30: 토지, 주택의 나머지 1/2

    ③ 해당 연도 주택의 세액이 20만원 이하인 경우 7/16~7/31에 한꺼번에 부과·징수 가능

    ④ 토지는 1장으로, 나머지는 각각 물건별로 고지

3. 상한선(직전 연도 재산세액과 비교): 150%(주택은 상한선 ×)

4. 소액징수면제: 고지서 1장당 2천원 미만

5. 분납과 물납

분할납부	물납

① 납기별 250만원 초과
 ② 납부기한까지 신청, 3개월 이내 분할납부 가능
 ③ 납부할 세액이 500만원 이하 시: 250만원을 초과하는 금액
 ④ 납부할 세액이 500만원 초과 시: 100분의 50 이하의 금액
	① 납기별 1천만원 초과 시
	 ② 관할구역 내 부동산으로 신청 가능
	 ③ 납부기한 10일 전까지 신청, 5일 내 허가 여부 통보
	 ④ 불승인 시 통보일부터 10일 내 변경신청 가능
	 ⑤ 물납 시 신고기한 내 납부한 것으로 보아 가산세 없음
	 ⑥ 물납재산평가
	    ⊙ 원칙: 과세기준일 현재 시가(시가표준액)
	    ⓛ 예외: 수용·공매·감정가평균액, 국가, 판결문, 법인장부 등(둘 이상 존재 시 과세기준일부터 가까운 것)

6. 납부유예

    ① 1세대 1주택으로 만 60세 이상 또는 5년 이상 보유 + 일정소득 이하 + 유예대상 재산세 100만원 초과 + 체납세액 없는 경우 신청 가능

    ② 납기 3일전까지 신청 및 담보제공

    ③ 납기만료일까지 허가여부 통보

    ④ 해당주택 양도, 사망, 조건 미충족 등의 경우 즉시 허가취소 통보

7. 병기세: 소방분 지역자원시설세

8. 부가세: 납부 시 지방교육세 20%

1. 과세기준일

재산세의 과세기준일은 매년 6월 1일로 한다.

2. 납부기한

① 정기분 재산세의 납기는 다음과 같다.

구분		납부기간	비고
토지		매년 9월 16일부터 9월 30일까지	–
건축물		매년 7월 16일부터 7월 31일까지	–
주택	해당 연도에 부과·징수할 세액의 2분의 1	매년 7월 16일부터 7월 31일까지	해당 연도에 부과할 세액이 20만원 이하인 경우에는 조례로 정하는 바에 따라 납기를 7월 16일부터 7월 31일까지로 하여 한꺼번에 부과·징수할 수 있다.
	나머지 2분의 1	매년 9월 16일부터 9월 30일까지	
선박, 항공기		매년 7월 16일부터 7월 31일까지	–

→ 납기별 아님

② **수시부과**: 지방자치단체의 장은 과세대상 누락, 위법 또는 착오 등으로 인하여 이미 부과한 세액을 변경하거나 수시부과하여야 할 사유가 발생하면 수시로 부과·징수할 수 있다.

2 납세지

재산세는 다음의 납세지를 관할하는 지방자치단체에서 부과한다.

토지	토지의 소재지
건축물	건축물의 소재지
주택	주택의 소재지
선박	「선박법」에 따른 선적항의 소재지. 다만, 선적항이 없는 경우에는 정계장(定繫場) 소재지 (정계장이 일정하지 아니한 경우에는 선박 소유자의 주소지)로 한다.
항공기	「항공안전법」에 따른 등록원부에 기재된 정치장의 소재지(항공안전법에 따라 등록을 하지 아니한 경우에는 소유자의 주소지)

1. 보통징수

① 재산세는 관할 지방자치단체의 장이 세액을 산정하여 보통징수의 방법으로 부과·징수한다.

② 재산세를 징수하려면 토지, 건축물, 주택, 선박 및 항공기로 구분한 납세고지서에 과세표준과 세액을 적어 늦어도 납기개시 5일 전까지 발급하여야 한다.

2. 병기세

소방분 지역자원시설세의 납기와 재산세의 납기가 같을 때에는 재산세의 납세고지서에 나란히 적어 고지할 수 있다. 또한, 재산세를 분할납부하는 경우에 한하여 소방분 지역자원시설세도 재산세 기준을 준용하여 <u>분할납부</u>할 수 있다.

└─→ 소방분 지역자원시설세만 단독으로 분할납부신청할 수 없다.

3. 수탁자의 물적 납세의무

신탁재산의 위탁자가 신탁재산의 재산세·가산금 또는 체납처분비를 체납한 경우로서 그 위탁자의 다른 재산에 대하여 체납처분을 하여도 징수할 금액에 미치지 못할 때에는 해당 신탁재산의 수탁자는 그 신탁재산으로써 위탁자의 재산세 등을 납부할 의무가 있다.

4. 신고의무

다음의 어느 하나에 해당하는 자는 과세기준일부터 15일 이내에 그 소재지를 관할하는 지방자치단체의 장에게 그 사실을 알 수 있는 증거자료를 갖추어 신고하여야 한다.

① 재산의 소유권 변동 또는 과세대상 재산의 변동 사유가 발생하였으나 과세기준일까지 그 등기·등록이 되지 아니한 재산의 공부상 소유자

② 상속이 개시된 재산으로서 상속등기가 되지 아니한 경우에는 주된 상속자

③ 사실상 종중재산으로서 공부상에는 개인 명의로 등재되어 있는 재산의 공부상 소유자

④ 수탁자 명의로 등기·등록된 신탁재산의 수탁자

⑤ 1세대가 둘 이상의 주택을 소유하고 있음에도 불구하고 1세대 1주택에 대한 세율특례를 적용받으려는 경우에는 그 세대원

⑥ 공부상 등재현황과 사실상의 현황이 다르거나 사실상의 현황이 변경된 경우에는 해당 재산의 사실상 소유자

1. 세부담의 상한

150%(주택은 상한선 ×)

2. 소액징수면제

고지서 1장당 재산세로 징수할 세액이 2천원 미만인 경우에는 해당 재산세를 징수하지 아니한다.
└─ 2천원인 경우 징수

5 분할납부 31회

1. 분할납부의 신청기준

지방자치단체의 장은 납기별로 재산세의 납부세액이 250만원을 초과하는 경우에는 납부할 세액의 일부를 납부기한이 지난 날부터 3개월 이내에 분할납부하게 할 수 있다.

2. 분할납부의 세액기준

분할납부세액은 다음의 기준에 따른다.
① 납부할 세액이 500만원 이하인 경우: 250만원을 초과하는 금액
② 납부할 세액이 500만원을 초과하는 경우: 그 세액의 100분의 50 이하의 금액

3. 분할납부의 신청기한

분할납부하려는 자는 재산세의 납부기한까지 행정안전부령으로 정하는 신청서를 시장·군수·구청장에게 제출하여야 한다.

4. 분할납부신청 시 과세관청의 처분

시장·군수·구청장은 분할납부신청을 받았을 때에는 이미 고지한 납세고지서를 납부기한 내에 납부하여야 할 납세고지서와 분할납부기간 내에 납부하여야 할 납세고지서로 구분하여 수정 고지하여야 한다.

6 물납 30회 · 32회

1. 물납의 신청기준

지방자치단체의 장은 납기별로 재산세의 납부세액이 1천만원을 초과하는 경우에는 납세의무자의 신청을 받아 해당 지방자치단체의 관할구역에 있는 부동산에 대하여만 물납을 허가할 수 있다.

2. 물납의 신청기한

재산세를 물납(物納)하려는 자는 행정안전부령으로 정하는 서류를 갖추어 그 납부기한 10일 전까지 납세지를 관할하는 시장·군수·구청장에게 신청하여야 한다.

3. 물납의 허가

① 물납신청을 받은 시장·군수·구청장은 신청을 받은 날부터 5일 이내에 납세의무자에게 그 허가 여부를 서면으로 통지하여야 한다.

② 물납허가를 받은 부동산을 행정안전부령으로 정하는 바에 따라 물납하였을 때에는 납부기한 내에 납부한 것으로 본다.

4. 물납의 불허가

① 시장·군수·구청장은 물납신청을 받은 부동산이 관리·처분하기가 부적당하다고 인정되는 경우에는 허가하지 아니할 수 있다.

② 시장·군수·구청장은 불허가 통지를 받은 납세의무자가 그 통지를 받은 날부터 10일 이내에 해당 시·군·구의 관할구역에 있는 부동산으로서 관리·처분이 가능한 다른 부동산으로 변경신청하는 경우에는 변경하여 허가할 수 있다.

③ 위 ②에 따라 허가한 부동산을 행정안전부령으로 정하는 바에 따라 물납하였을 때에는 납부기한 내에 납부한 것으로 본다.

5. 물납허가 부동산의 평가

① 물납을 허가하는 부동산의 가액은 재산세 과세기준일 현재의 시가로 한다.

② 시가는 다음의 어느 하나에서 정하는 가액에 따른다.

　㉠ **토지 및 주택**: 시가표준액

　㉡ **건축물**: 시가표준액

　㉢ 다만, 수용·공매가액 및 감정가액 등으로서 재산세의 과세기준일 전 6개월부터 과세기준일 현재까지의 기간 중에 확정된 가액으로서 다음의 어느 하나에 해당하는 것은 시가로 본다.

　　ⓐ 해당 부동산에 대하여 수용 또는 공매사실이 있는 경우: 그 보상가액 또는 공매가액

　　ⓑ 해당 부동산에 대하여 둘 이상의 감정평가법인등(감정평가 및 감정평가사에 관한 법률 제2조 제4호에 따른 감정평가법인등을 말한다)이 평가한 감정가액이 있는 경우: 그 감정가액의 평균액

　　ⓒ 국가, 지방자치단체 또는 지방자치단체조합으로부터의 취득 또는 판결문·법인장부 등에 따라 취득가격이 증명되는 취득으로서 그 사실상의 취득가격이 있는 경우: 그 취득가격

　㉣ 시가로 인정되는 가액이 둘 이상인 경우에는 재산세의 과세기준일부터 가장 가까운 날에 해당하는 가액에 의한다.

③ 위 ②를 적용할 때 「상속세 및 증여세법」에 따른 부동산의 평가방법이 따로 있어 국세청장이 고시한 가액이 증명되는 경우에는 그 고시가액을 시가로 본다.

7 납부유예

1. 납부유예의 신청기준

지방자치단체의 장은 다음의 요건을 모두 충족하는 납세의무자가 1세대 1주택(시가표준액이 9억원을 초과하는 주택을 포함)의 재산세액의 납부유예를 그 납부기한 만료 3일 전까지 신청하는 경우 이를 허가할 수 있다. 이 경우 납부유예를 신청한 납세의무자는 그 유예할 주택 재산세에 상당하는 담보를 제공하여야 한다.

① 과세기준일 현재 1세대 1주택의 소유자일 것
② 과세기준일 현재 만 60세 이상이거나 해당 주택을 5년 이상 보유하고 있을 것
③ 일정소득(직전과세기간 총급여 7천만원 또는 종합소득금액 6천만원) 이하
④ 해당 연도의 납부유예대상 주택에 대한 재산세의 납부세액이 100만원을 초과할 것
⑤ 지방세, 국세 체납이 없을 것

2. 납부유예의 허가

지방자치단체의 장은 납부유예신청을 받은 경우 납부기한 만료일까지 납세의무자에게 납부유예허가 여부를 통지하여야 한다.

3. 납부유예허가의 취소

① 지방자치단체의 장은 주택 재산세의 납부가 유예된 납세의무자가 다음 어느 하나에 해당하는 경우에는 그 납부유예허가를 취소하여야 한다.
　　㉠ 해당 주택을 타인에게 양도하거나 증여하는 경우
　　㉡ 사망하여 상속이 개시되는 경우
　　㉢ 납부유예허가 요건을 충족하지 아니하게 된 경우
　　㉣ 담보의 변경 또는 그 밖에 담보 보전에 필요한 지방자치단체의 장의 명령에 따르지 아니한 경우
　　㉤ 「지방세징수법」 제22조 제1항 각 호의 어느 하나에 해당되어 그 납부유예와 관계되는 세액의 전액을 징수할 수 없다고 인정되는 경우
　　㉥ 납부유예된 세액을 납부하려는 경우
② 지방자치단체의 장은 주택 재산세의 납부유예허가를 취소하는 경우 납세의무자(납세의무자가 사망한 경우에는 그 상속인 또는 상속재산관리인)에게 그 사실을 즉시 통지하여야 한다.
③ 지방자치단체의 장은 주택 재산세의 납부유예허가를 취소한 경우에는 대통령령으로 정하는 바에 따라 해당 납세의무자에게 납부를 유예받은 세액과 이자상당가산액을 징수하여야 한다. 다만, 상속인 또는 상속재산관리인은 상속으로 받은 재산의 한도에서 납부를 유예받은 세액과 이자상당가산액을 납부할 의무를 진다.
④ 지방자치단체의 장은 납부유예를 허가한 날부터 징수할 세액의 고지일까지의 기간 동안에는 「지방세기본법」에 따른 납부지연가산세를 부과하지 아니한다.

8 부가세

납부하여야 할 재산세액(재산세 도시지역분은 제외한다)의 100분의 20을 지방교육세로 부과한다.

| 6절 | 재산세 과세대상 토지의 분류

규's 출제포인트

재산세 과세대상 토지의 분류

1. 분리과세
   ① 전·답·과수원: 0.07%
      ㉠ 개인: 영농 + 도시지역 밖 또는 도시지역 내(녹지지역, 개발제한구역, 미지정지역)
      ㉡ 법인: 농업법인, 농어촌공사, 매립·간척 후 경작, 종중소유, 사회복지사업자(자가소비용)
   ② 목장용지(0.07%): 축산용 + 도시지역 밖 또는 도시지역 내(89. 12. 31. 이전부터 소유 녹지, 개발제한구역) + 기준면적 이내
   ③ 임야(0.07%): 생산임야(경영, 사업), 문화재보호·상수원보호구역, 종중, 군사 + 제한보호구역, 개발제한구역, 공원자연환경지구
   ④ 공장용지: 0.2%
      ㉠ 기준면적 이내 + 허가(승인) + 군·읍·면 또는 시 이상 산업·유치지역, 공업지역(시 이상 주거·상업 등: 별도합산)
      ㉡ 건축 중은 분리과세, 6개월 이상 공사중단은 종합과세
   ⑤ 산업용 토지[0.2%(국가, 공공, 산업 개발의 느낌)]: 염전, 터미널, 국방상 목적 외 사용 등 제한하는 공장 구내, 매립·간척(4년 내), 주택건설사업, 부동산투자회사 등
   ⑥ 회원제 골프장, 고급오락장의 부속토지: 4%
2. 별도합산과세: 0.2~0.4%
   ① 건축물 부수토지 → 공장용지와 비교하여 암기
      ㉠ 기준면적 이내 + 허가(승인)
      ㉡ 시가표준액 2% 미달 시 바닥면적까지, 철거 후 6개월 이내
   ② 경제적 활용 → 산업용 토지와 비교하여 암기
      ㉠ 자동차 관련 토지(터미널 제외), 물류·보세, 스키장·골프장 원형보전, 준보전산지
      ㉡ 「종자산업법」상 연구, 생산(채종림, 시험림은 비과세)
3. 종합합산과세(0.2~0.5%): 나대지, 무허가건축물의 부수토지, 기준면적 초과

겨울이 오면, 봄이 멀 수 있으랴!

– 퍼시 비시 셸리(Percy Bysshe Shelley), '서풍에 부치는 노래'

| 1절 | 종합부동산세의 특징 및 과세대상, 납세의무자

1 특징 및 과세대상

1. 특징

국세(주소지 관할 세무서), 보통세, 인세(전국 합산), 종가세, 보유세, 고지징수(원칙)·신고납부(선택), 초과누진세율 및 비례세율(법인소유주택) 구조
└→ • 2.7%, 5.0%

2. 과세대상

구분		재산세	종합부동산세
토지	종합합산과세대상	0.2~0.5% 초과누진세율	과세대상
	별도합산과세대상	0.2~0.4% 초과누진세율	과세대상
	분리과세대상	0.07%, 0.2%, 4%	과세대상 제외
건축물		0.25%, 0.5%, 4%	과세대상 제외
주택		0.1~0.4% 등 초과누진세율	과세대상

2 납세의무자　　　　　　　　　　　　　30회·31회·32회·33회

1. 주택에 대한 납세의무자

과세기준일(매년 6월 1일) 현재 주택분 재산세의 납세의무자는 종합부동산세를 납부할 의무가 있다.

2. 토지에 대한 납세의무자

과세기준일 현재 토지분 재산세의 납세의무자로서 다음의 어느 하나에 해당하는 자는 해당 토지에 대한 종합부동산세를 납부할 의무가 있다.
① 종합합산과세대상인 경우에는 국내에 소재하는 해당 과세대상 토지의 공시가격을 합한 금액이 5억원을 초과하는 자
② 별도합산과세대상인 경우에는 국내에 소재하는 해당 과세대상 토지의 공시가격을 합한 금액이 80억원을 초과하는 자

> **참고**
>
> **신탁재산의 납세의무자**
>
> 1. 수탁자의 명의로 등기 또는 등록된 신탁재산은 위탁자가 종합부동산세를 납부할 의무가 있다. 이 경우 위탁자가 신탁재산을 소유한 것으로 본다.
> 2. 신탁재산의 위탁자가 종합부동산세 등을 체납한 경우로서 그 위탁자의 다른 재산에 대하여 강제징수를 하여도 징수할 금액에 미치지 못할 때에는, 해당 신탁재산의 수탁자는 그 신탁재산으로써 위탁자의 종합부동산세 등을 납부할 의무가 있다.

| 2절 | 주택에 대한 종합부동산세

 **규's 출제포인트**

주택에 대한 종합부동산세   30회·31회·32회·34회

과세표준	① 개인소유주택의 과세표준: (주택의 공시가격 합계 − 9억원) × 공정시장가액비율(2024년 60%) ② 1세대 1주택의 경우(단독소유): (주택의 공시가격 합계액 − 12억원) × 공정시장가액비율(2024년 60%) ③ 합산배제주택: 임대사업용, 기숙사, 사택, 노인복지, 미분양, 문화재, 어린이집, 향교 등 ④ 법인은 공시가격 합계에서 공제금액 없음
× 세율	① 2주택 이하: 0.5~2.7% ② 3주택 이상: 0.5~5.0% ➕ 법인은 2.7, 5.0% 비례세율 적용 ➕ 세액계산 시 공동소유는 각자소유, 다가구주택은 1주택, 합산배제주택은 주택 수에서 제외, 일시적 2주택(신규주택 취득일부터 3년 내), 상속주택[상속개시일부터 5년 내, 지분율 40% 이하, 지분율에 해당하는 공시가격이 6억원(수도권 밖 3억원) 이하], 지방저가주택(공시가격 3억원 이하) 제외
= 종합부동산세액	
(재산세 이중과세 조정)	종부세가 과세되는 부분에 과세된 재산세를 공제(상한선 적용받은, 가감조정된 재산세 공제)
= 산출세액	
(1세대 1주택자 세액공제)	① 연령: 만 60세 이상(20, 30, 40%) ② 보유기간: 5년 이상(20, 40, 50%) ➕ 80% 한도로 중복공제 가능 ③ 보유기간 공제 시 배우자로부터 상속, 멸실주택의 보유기간은 통산
(상한선)	150%(종부세만이 아닌 총 보유세액끼리 비교) ➕ 법인은 상한선 없음

① 다가구주택은 1주택으로 보되, 합산배제 임대주택으로 신고한 경우에는 1세대가 독립하여 구분 사용할 수 있도록 구획된 부분을 각각 1주택으로 본다.

② 1주택 소유자가 다른 주택의 부수토지만 소유 시에는 1세대 1주택으로 본다.

③ '합산배제임대주택(나머지주택에 주민등록 및 실제거주)', '과세표준 계산 시 합산배제주택'은 주택 수에서 제외한다.

④ 1주택 외에 일시적 2주택(신규주택 취득일부터 3년 내), 상속주택[상속개시일부터 5년 내, 지분율 40% 이하, 지분율에 해당하는 공시가격이 6억원(수도권 밖 3억원) 이하], 지방저가주택(공시가격 3억원 이하)을 소유하는 경우 1주택으로 본다.

2 **세율 및 세액** 33회

① 납세의무자가 2주택 이하를 소유한 경우

과세표준	세율
3억원 이하	1천분의 5
3억원 초과 6억원 이하	150만원 + (3억원을 초과하는 금액의 1천분의 7)
6억원 초과 12억원 이하	360만원 + (6억원을 초과하는 금액의 1천분의 10)
12억원 초과 25억원 이하	960만원 + (12억원을 초과하는 금액의 1천분의 13)
25억원 초과 50억원 이하	2,650만원 + (25억원을 초과하는 금액의 1천분의 15)
50억원 초과 94억원 이하	6,400만원 + (50억원을 초과하는 금액의 1천분의 20)
94억원 초과	1억 5,200만원 + (94억원을 초과하는 금액의 1천분의 27)

② 납세의무자가 3주택 이상을 소유한 경우

과세표준	세율
3억원 이하	1천분의 5
3억원 초과 6억원 이하	150만원 + (3억원을 초과하는 금액의 1천분의 7)
6억원 초과 12억원 이하	360만원 + (6억원을 초과하는 금액의 1천분의 10)
12억원 초과 25억원 이하	960만원 + (12억원을 초과하는 금액의 1천분의 20)
25억원 초과 50억원 이하	3,560만원 + (25억원을 초과하는 금액의 1천분의 30)
50억원 초과 94억원 이하	1억 1,060만원 + (50억원을 초과하는 금액의 1천분의 40)
94억원 초과	2억 8,660만원 + (94억원을 초과하는 금액의 1천분의 50)

③ 법인 및 법인으로 보는 단체(공익법인 등 제외)인 경우 과세표준에 다음의 세율을 적용하여 계산한 금액을 주택분 종합부동산세액으로 한다.

　㉠ 2주택 이하를 소유한 경우: 1천분의 27

　㉡ 3주택 이상을 소유한 경우: 1천분의 50

3 세액공제 30회·32회

주택분 종합부동산세 납세의무자가 1세대 1주택자에 해당하는 경우의 주택분 종합부동산세액은 산출된 세액에서 다음 **1.**, **2.**에 따른 1세대 1주택자에 대한 공제액을 공제한 금액으로 한다. 이 경우 **1.**, **2.**의 세액공제는 공제율 합계 100분의 80의 범위에서 중복하여 적용할 수 있다.

1. 연령별 공제

과세기준일 현재 만 60세 이상인 1세대 1주택자의 공제액은 산출된 세액에 다음에 따른 연령별 공제율을 곱한 금액으로 한다.

연령	공제율
만 60세 이상 만 65세 미만	100분의 20
만 65세 이상 만 70세 미만	100분의 30
만 70세 이상	100분의 40

2. 보유기간별 공제

1세대 1주택자로서 해당 주택을 과세기준일 현재 5년 이상 보유한 자의 공제액은 산출된 세액에 다음에 따른 보유기간별 공제율을 곱한 금액으로 한다.

보유기간	공제율
5년 이상 10년 미만	100분의 20
10년 이상 15년 미만	100분의 40
15년 이상	100분의 50

> **참고**
>
> **보유기간의 계산**
> 1. 소실(燒失)·도괴(倒壞)·노후(老朽) 등으로 인하여 멸실되어 재건축 또는 재개발하는 주택에 대하여는 그 멸실된 주택을 취득한 날부터 보유기간을 계산한다.
> 2. 배우자로부터 상속받은 주택에 대하여는 피상속인이 해당 주택을 취득한 날부터 보유기간을 계산한다.
> 　└▶ 동일세대원 아님

> ✏️ **법인소유주택에 대한 제제**
>
> 1. 과세표준 계산 시 공제금액 없음
> 2. 세율 2.7, 5.0%
> 3. 상한선 없음(공정시장가액비율은 적용)

| 3절 | 토지에 대한 종합부동산세

32회·33회

규's 출제포인트

토지에 대한 종합부동산세

과세표준	(공시가격 합계 - 5억원 또는 80억원) × 공정시장가액비율(2024년 100%) ➕ 종합합산과세대상 5억원, 별도합산과세대상 80억원
×세율	① 종합합산과세대상: 1~3% ② 별도합산과세대상: 0.5~0.7%
= 종합부동산세액	
(재산세 이중과세 조정)	종부세가 과세되는 부분에 과세된 재산세를 공제(가감조정된 세액, 세부담 상한 적용받은 세액)
= 산출세액	
(상한선)	150%(직전 연도 재산세 + 종합부동산세와 비교)

[참고]

1. 종합합산과세대상인 토지에 대한 종합부동산세의 세액은 과세표준에 다음의 세율을 적용하여 계산한 금액으로 한다.

과세표준	세율
15억원 이하	1,000분의 10
15억원 초과 45억원 이하	1,500만원 + (15억원 초과금액의 1,000분의 20)
45억원 초과	7,500만원 + (45억원 초과금액의 1,000분의 30)

2. 별도합산과세대상인 토지에 대한 종합부동산세의 세액은 과세표준에 다음의 세율을 적용하여 계산한 금액으로 한다.

과세표준	세율
200억원 이하	1,000분의 5
200억원 초과 400억원 이하	1억원 + (200억원 초과금액의 1,000분의 6)
400억원 초과	2억 2,000만원 + (400억원 초과금액의 1,000분의 7)

비과세 및 납세절차

1 비과세

1. 재산세 비과세 등을 준용

① **법률에 의한 비과세 준용:** 「지방세특례제한법」 또는 「조세특례제한법」에 의한 재산세의 비과세·과세면제 또는 경감에 관한 규정은 종합부동산세를 부과하는 경우에 준용한다.

② **조례에 의한 비과세 준용:** 「지방세특례제한법」 제4조에 따른 시·군의 감면조례에 의한 재산세의 감면규정은 종합부동산세를 부과하는 경우에 준용한다.

③ **감면 규정 적용 시 주택 및 토지의 공시가격 특례:** 재산세의 감면 규정을 준용하는 경우 그 감면대상인 주택 또는 토지의 공시가격에서 그 공시가격에 재산세 감면비율(비과세 또는 과세면제의 경우에는 이를 100분의 100으로 본다)을 곱한 금액을 공제한 금액을 공시가격으로 본다.

2. 준용의 제한

재산세의 감면 규정 또는 분리과세 규정에 따라 종합부동산세를 경감하는 것이 종합부동산세를 부과하는 취지에 비추어 적합하지 않은 것으로 인정되는 경우 등 대통령령으로 정하는 경우에는 종합부동산세를 부과할 때 재산세 감면 규정 또는 그 분리과세 규정을 적용하지 아니한다.

2 납세절차   30회 · 31회 · 33회 · 34회

1. 과세기준일 및 납세지

(1) 과세기준일

종합부동산세의 과세기준일은 매년 6월 1일로 한다.

(2) 납세지

① 종합부동산세의 납세의무자가 개인 또는 법인으로 보지 아니하는 단체인 경우 다음과 같다.

ㄱ 거주자의 납세지는 그 주소지로 한다. 다만, 주소지가 없는 경우에는 그 거소지로 한다.

ㄴ 비거주자의 납세지는 국내사업장의 소재지로 한다. 다만, 국내사업장이 둘 이상 있는 경우에는 주된 국내사업장의 소재지로 하고, 국내사업장이 없는 경우에는 국내원천소득이 발생하는 장소로 한다.

② 종합부동산세의 납세의무자가 법인 또는 법인으로 보는 단체인 경우에는 「법인세법」 규정을 준용하여 납세지를 정한다(본점 소재지 등).

③ 종합부동산세의 납세의무자가 비거주자인 개인 또는 외국법인으로서 국내사업장이 없고 국내원천소득이 발생하지 아니하는 주택 및 토지를 소유한 경우에는, 그 주택 또는 토지의 소재지(주택 또는 토지가 둘 이상인 경우에는 공시가격이 가장 높은 주택 또는 토지의 소재지를 말한다)를 납세지로 정한다.

2. 납세절차

(1) 부과·징수

① 원칙: 정부부과

      ㉠ 관할 세무서장은 납부하여야 할 종합부동산세의 세액을 결정하여 <u>해당 연도 12월 1일부터 12월 15일까지</u> 부과·징수한다.   특히 12월 16일부터 12월 31일까지 아님 ←┘

      ㉡ 관할 세무서장은 종합부동산세를 징수하려면 납부고지서에 주택 및 토지로 구분한 과세표준과 세액을 기재하여 납부기간 개시 5일 전까지 발급하여야 한다.

② 예외: 신고납부 선택

      ㉠ 종합부동산세를 신고납부방식으로 납부하고자 하는 납세의무자는 종합부동산세의 과세표준과 세액을 해당 연도 12월 1일부터 12월 15일까지 관할세무서장에게 신고하여야 한다.

      ㉡ 이 경우 세무서장의 결정은 없었던 것으로 본다.

③ 가산세: 종합부동산세는 원칙적으로 정부부과방식의 세목이므로 종합부동산세의 과세표준과 세액을 신고하지 아니하더라도 「국세기본법」에 의한 무신고가산세는 부과하지 아니한다. 다만, 과소신고가산세(10%, 부정 40%) 및 납부지연가산세(1일 22/100,000)는 부과될 수 있다.

(2) 분할납부

관할 세무서장은 종합부동산세로 납부하여야 할 세액이 250만원을 초과하는 경우에는, 그 세액의 일부를 납부기한이 지난 날부터 6개월 이내에 분납하게 할 수 있다.

① 분할납부할 수 있는 세액: 분납할 수 있는 세액은 다음의 금액을 말한다.

      ㉠ 납부하여야 할 세액이 250만원 초과 5백만원 이하: 해당 세액에서 250만원을 차감한 금액

      ㉡ 납부하여야 할 세액이 5백만원을 초과: 해당 세액의 100분의 50 이하의 금액

② 신청기한: 납부고지서를 받은 자가 분납하려는 때에는 종합부동산세의 납부기한까지 관할 세무서장에게 신청서를 제출하여야 한다.

(3) 납부유예

① 납부유예의 신청기준: 관할세무서장은 다음의 요건을 모두 충족하는 납세의무자가 주택분 종합부동산세액의 납부유예를 그 납부기한 만료 3일 전까지 신청하는 경우 이를 허가할 수 있다. 이 경우 납부유예를 신청한 납세의무자는 그 유예할 주택분 종합부동산세액에 상당하는 담보를 제공하여야 한다.

      ㉠ 과세기준일 현재 1세대 1주택의 소유자일 것

      ㉡ 과세기준일 현재 만 60세 이상이거나 해당 주택을 5년 이상 보유하고 있을 것

      ㉢ 일정소득(직전과세기간 총 급여 7천만원 또는 종합소득금액 6천만원)이하

      ㉣ 해당 연도의 납부유예대상 주택분 종합부동산세액이 100만원을 초과할 것

② 납부유예의 허가: 관할세무서장은 납부유예신청을 받은 경우 납부기한 만료일까지 납세의무자에게 납부유예허가 여부를 통지하여야 한다.

③ 납부유예허가의 취소

ⓐ 관할세무서장은 주택분 종합부동산세액의 납부가 유예된 납세의무자가 다음 어느 하나에 해당하는 경우에는 그 납부유예허가를 취소하여야 한다.

    ⓐ 해당 주택을 타인에게 양도하거나 증여하는 경우

    ⓑ 사망하여 상속이 개시되는 경우

    ⓒ 납부유예허가 요건을 충족하지 아니하게 된 경우

    ⓓ 담보의 변경 또는 그 밖에 담보 보전에 필요한 관할세무서장의 명령에 따르지 아니한 경우

    ⓔ 「국세징수법」 제9조 제1항 각 호의 어느 하나에 해당되어 그 납부유예와 관계되는 세액의 전액을 징수할 수 없다고 인정되는 경우

    ⓕ 납부유예된 세액을 납부하려는 경우

ⓛ 관할세무서장은 주택분 종합부동산세액의 납부유예 허가를 취소하는 경우 납세의무자(납세의무자가 사망한 경우에는 그 상속인 또는 상속재산관리인)에게 그 사실을 즉시 통지하여야 한다.

ⓒ 관할세무서장은 주택분 종합부동산세액의 납부유예 허가를 취소한 경우에는 대통령령으로 정하는 바에 따라 해당 납세의무자에게 납부를 유예받은 세액과 이자상당가산액을 징수하여야 한다. 다만, 상속인 또는 상속재산관리인은 상속으로 받은 재산의 한도에서 납부를 유예받은 세액과 이자상당가산액을 납부할 의무를 진다.

ⓔ 관할세무서장은 납부유예를 허가한 연도의 납부기한이 지난 날부터 징수할 세액의 고지일까지의 기간 동안에는 「국세기본법」에 따른 납부지연가산세를 부과하지 아니한다.

(4) 공동명의 1주택자의 납세의무 등에 관한 특례

① **요건**: 과세기준일 현재 세대원 중 1인이 그 배우자와 공동으로 1주택을 소유하고 해당 세대원 및 다른 세대원이 다른 주택을 소유하지 아니한 경우로서 대통령령으로 정하는 경우에는, 배우자와 공동으로 1주택을 소유한 자 또는 그 배우자 중 주택에 대한 지분율이 높은 사람(지분율이 같은 경우에는 공동소유자 간 합의에 따른 사람)을 해당 1주택에 대한 납세의무자로 할 수 있다. 다만, 공동명의 1주택자의 배우자가 다른 주택의 부속토지(주택의 건물과 부속토지의 소유자가 다른 경우의 그 부속토지를 말한다)를 소유하고 있는 경우는 제외한다.

② **신청기한**: 1세대 1주택자로 적용받으려는 납세의무자는 당해 연도 9월 16일부터 9월 30일까지 관할세무서장에게 신청하여야 한다.

③ **공동명의 1주택자에 대한 세법 적용**

ⓐ 과세표준 및 세액을 산정하는 경우에는 그 배우자 소유의 주택지분을 합산하여 계산한다.

ⓛ 공동명의 1주택자에 대하여 주택분 종합부동산세액에서 주택분 재산세로 부과된 세액을 공제하거나 세부담의 상한을 적용할 경우 적용되는 재산세 부과액 및 재산세상당액은 해당 과세대상 1주택 지분 전체에 대하여 계산한 금액으로 한다.

POINT 02 종합소득세

| 1절 | 소득세의 개요

1 특징

33회

1. 개인별 과세

우리나라 「소득세법」은 개인별 과세를 원칙으로 하고 있다.

2. 열거주의

→ 이자·배당소득은 유형별 포괄주의를 택하고 있음

현행 「소득세법」은 과세소득을 이자소득, 배당소득, 사업소득, 근로소득, 연금소득, 기타소득, 퇴직소득, 양도소득의 8가지로 구분하여 제한적으로 열거하고 있다.

3. 신고납세주의

소득세는 신고납세제도를 취하고 있다. 따라서 납세의무자가 해당 과세기간의 다음 연도 5월 1일부터 5월 31일까지 과세표준확정신고를 함으로써 소득세의 납세의무가 확정된다.

2 과세방식

1. 원칙: 종합과세

'종합과세'란 소득의 종류에 관계없이 일정한 기간(통상 1월 1일부터 12월 31일까지)을 단위로 합산하여 과세하는 방식을 말한다. 현행 「소득세법」은 이자소득, 배당소득, 사업소득, 근로소득, 연금소득, 기타소득을 합산하여 과세하는 종합과세방식을 택하고 있다.

2. 예외: 분류과세와 분리과세

① **분류과세**: 퇴직소득, 양도소득은 다른 소득과 합산하지 않고 별도로 분류과세한다.

② **분리과세**: 이자소득, 배당소득, 근로소득, 연금소득, 기타소득 중 일부에 대해서는 종합과세하지 않고 원천징수로 납세의무를 종결하거나, 주택임대소득 중 법정요건을 충족한 경우에는 다른 종합과세 대상 소득과 합산하지 않고 별도로 신고납부하는 분리과세방식을 택하고 있다.

→ 주택임대를 통한 총 수입금액이 2천만원 이하인 경우를 말한다.

3 납세의무자

1. 거주자와 비거주자

소득세의 납세의무자는 과세소득을 얻은 개인인데 이는 다음과 같이 거주자와 비거주자로 구분된다.

구분	개념	납세의무의 범위
거주자	국내에 주소를 두거나 183일 이상 거소를 둔 개인	국내원천소득과 국외원천소득 모두에 대해서 납세의무를 진다(무제한 납세의무).
비거주자	거주자가 아닌 개인	국내원천소득에 대해서만 납세의무를 진다(제한 납세의무).

2. 법인이 아닌 단체 ──• 종중이 대표적인 사례이다.

법인이 아닌 단체도 「소득세법」에 따라 소득세를 납부할 의무를 진다. 이러한 법인이 아닌 단체에 대한 소득세 과세방법은 다음과 같다.

① 구성원 간 이익의 분배비율이 정해져 있고 해당 구성원별로 이익분배비율이 확인되는 경우 해당 단체의 각 구성원별로 소득세 또는 법인세를 납부할 의무를 진다.

② 위 ① 이외의 경우 해당 단체를 1거주자(또는 1비거주자)로 보아 「소득세법」을 적용한다.

4 과세기간과 납세지   31회

1. 과세기간

구분	과세기간
일반적인 경우	1월 1일~12월 31일
거주자가 사망한 경우	1월 1일~사망일
거주자가 출국하여 비거주자가 되는 경우	1월 1일~출국한 날

2. 납세지

① 거주자: 주소지(주소지가 없는 경우 거소지)

② 비거주자: 국내사업장의 소재지. 다만, 국내사업장이 둘 이상 있는 경우에는 주된 국내사업장의 소재지로 하고, 국내사업장이 없는 경우에는 국내원천소득이 발생하는 장소로 한다.

| 2절 | 부동산임대사업소득

1 임대사업소득의 범위
31회

1. 부동산(미등기부동산 포함) 또는 전세권, 임차권, 지상권, 지역권 등과 같은 부동산상의 권리의 대여로 발생한 소득

① 지역권, 지상권의 대여소득(단, 공익사업과 관련된 지역권, 지상권의 설정, 대여소득은 기타소득)

② 묘지를 개발하여 분묘기지권을 설정하고 분묘설치자로부터 지료 등을 받는 경우

③ 장소를 일시적으로 대여하고 받은 대가는 기타소득

④ 자기소유의 부동산을 타인의 담보물로 제공하게 하고 대가를 받는 경우

⑤ 광고용으로 토지, 가옥의 옥상 또는 측면을 사용하게 하고 대가를 받는 경우

⑥ 부동산매매업자 또는 주거용 건물개발 및 공급업자가 판매목적 부동산을 일시적으로 대여하고 얻는 소득

2. 기타 임대사업소득

① 공장재단 또는 광업재단의 대여로 인하여 발생하는 소득

② 광업권자, 조광권자 또는 덕대가 채굴에 관한 권리를 대여함으로 인하여 발생하는 소득

2 비과세 부동산임대사업소득
31회

1. 논·밭의 임대소득

논·밭을 작물재배에 이용하게 함으로써 발생하는 소득

2. 비과세 주택임대소득

상시주거용으로 사용하는 1개의 주택(부부합산)을 소유하는 자가 해당 주택을 임대하고 받는 소득(다만, 기준시가 12억원 초과 고가주택 및 국외주택 제외)

(1) 다가구주택

1개의 주택으로 보되, 구분 등기된 경우에는 각각 하나의 주택으로 본다.

(2) 공동소유주택

지분이 가장 큰 자의 소유로 본다.

① **지분이 큰 자가 2인 이상인 경우**: 각각 소유한 것으로 본다. 다만, 합의하여 귀속자를 정한 경우에는 그의 소유로 계산할 수 있다.

② 소수지분자라도 다음의 어느 하나의 경우에는 그의 소유로 계산한다.

  ⊙ 본인 귀속 임대수입금액이 연간 6백만원 이상인 경우

  ⊙ 해당 공동소유주택의 기준시가가 12억원을 초과하는 경우로 그 주택의 지분을 100분의 30 초과 보유한 경우

(3) 임차 또는 전세받은 주택을 전대하거나 전전세하는 경우

임차인 또는 전세받은 자의 주택으로 본다.

(4) 겸용주택 임대 시 주택의 구분(임차인이 2인 이상의 경우 각각 판단)

① 주택 부분 > 주택 외 부분: 전부 주택

② 주택 부분 ≤ 주택 외 부분: 주택만 주택

규's 출제포인트

주택임대소득에 대한 소득세 과세체계   33회 · 34회

구분	임대료	간주임대료
1개 주택 소유	비과세(고가/국외 제외)	비과세
2개 주택 소유	과세	비과세
3개 이상 주택 소유	과세	3억원 초과분 과세

➕ 주택임대소득(부부합산 주택 수)

➕ 간주임대료: 보증금을 1년 만기 정기예금이자율을 적용(간주임대료 계산 시 임대사업부분에서 발생한 수입이자와 할인료 및 배당금 공제), 법정 산식으로 계산하여 수익으로 간주하는 금액

➕ 소형주택(전용면적 40m² 이하 + 기준시가 2억원 이하)은 주택 수 산정 시 제외(2026. 12. 31.까지)

---

3 부동산임대사업소득금액의 계산

1. 일반적인 경우

사업소득금액 = 총 수입금액 − 필요경비

2. 분리과세 주택임대소득에 대한 사업소득금액의 계산

사업자등록 ○	주택임대사업소득금액 = 총 수입금액 − 총 수입금액의 100분의 60
사업자등록 ×	주택임대사업소득금액 = 총 수입금액 − 총 수입금액의 100분의 50

4　주택임대소득에 대한 세액계산의 특례

총 수입금액의 합계액이 2천만원 이하인 자는 다음의 방법 중 하나로 적용한다.

① 종합소득에 합산하여 종합소득세로 계산, 결정하는 방법(종합과세)

② 타 종합소득과 합산하지 아니하고 주택임대사업소득금액에 100분의 14(14%)를 곱하여 산출한 금액
(분리과세)

➕ 분리과세 주택임대소득 외 종합소득금액이 2천만원 이하인 경우

사업자등록 ○	산출세액 = (주택임대사업소득금액 − 400만원) × 14%
사업자등록 ×	산출세액 = (주택임대사업소득금액 − 200만원) × 14%

5　부동산임대소득의 수입시기

① 계약 또는 관습에 의하여 지급일이 정해진 경우: 그 정해진 날(약정일)

② 계약 또는 관습에 의하여 지급일이 정해지지 않은 경우: 그 지급을 받은 날

6　결손금 공제　　31회 · 33회

① 사업자가 비치 · 기록한 장부에 의하여 해당 과세기간의 사업소득금액을 계산할 때 발생한 결손금은 그
과세기간의 종합소득과세표준을 계산할 때 근로소득금액 · 연금소득금액 · 기타소득금액 · 이자소득금액 ·
배당소득금액에서 순서대로 공제한다.

② 위 ①에도 불구하고 다음의 어느 하나에 해당하는 사업(부동산임대업)에서 발생한 결손금은 종합소득과
세표준을 계산할 때 공제하지 아니한다. 다만, 주거용 건물 임대업의 경우에는 그러하지 아니하다.
　　　　　　　　　　　　　　　　　　　　　　　　　　　　　　└➔ 공제할 수 있다.
　㉠ 부동산 또는 부동산상의 권리를 대여하는 사업
　㉡ 공장재단 또는 광업재단을 대여하는 사업
　㉢ 채굴에 관한 권리를 대여하는 사업으로서 대통령령으로 정하는 사업

양도소득세

| 1절 | 의의 및 과세대상

1 의의

'양도소득'이란 개인이 해당 과세기간에 일정한 자산의 양도로 발생하는 소득을 말한다. 즉, 양도소득세는 개인이 사업성 없이 토지, 건물 등의 소유권을 유상으로 이전함에 따라 발생하는 소득을 거주자의 경우 주소지 관할 세무서에 신고·납부하는 국세이다. 다만, 사업성이 있는 경우에는 사업소득에 해당되어 종합소득세로 과세된다.

2 과세대상(국내자산)   34회

구분(소득 또는 그룹)	대상
부동산등	① 부동산: 토지, 건물(등기·허가 등 무관, 무조건 과세) ② 부동산에 관한 권리 　㉠ 취득할 수 있는 권리: 분양권, 입주권, 상환채권 등 　㉡ 사용할 수 있는 권리: 지상권, 전세권, '등기된' 임차권(지역권 ×) ③ 기타 부동산 관련 자산 　㉠ 영업권, 이축권(사업용 자산과 함께 양도 시) 　　➕ 별도로 양도, 별도로 평가 시 기타소득으로 과세 　㉡ **시설물이용권, 회원권**: 골프회원권 등(일반이용자보다 유리한 조건으로 시설물 사용 가능한 주식의 양도 포함) 　㉢ **특정 주식 A**: 50-50-50 요건 충족 시(3년간 통산) 　㉣ **특정 주식 B**: 골프장, 스키장 등 + 부동산등 비율 80%↑, 1주 이상 양도
주식	대주주양도 또는 장외거래
파생상품	파생상품 등의 거래 또는 행위로 발생하는 소득
신탁의 이익을 받을 권리	신탁의 이익을 받을 권리(수익증권 및 투자신탁의 수익권 등은 제외)

| 2절 | 양도의 개념과 범위

양도 ○	양도 ×
① 등기·등록에 관계없이 사실상 이전 ② 매매, 교환(쌍방양도), 현물출자, 사업양도, 대물변제(위자료), 부담부증여(채무부분), 수용 등	① 환지처분(단순지목·지번변경), 보류지 충당: 청산금 수령 시에는 양도 ② 양도담보: 변제에 충당 시 양도 ③ 공유물 단순분할: 지분 감소분의 대가를 받았으면 양도 ④ 신탁으로 인한 이전 ⑤ 소유권 환원: 신탁해지, 매매원인무효의 소, 이혼 시 재산분할, 자기 것은 자기가 경락 등 ⑥ 토지거래허가 없이 양도: 유동적 무효 ⑦ 지적경계선변경: 법률 + 20% 이하 교환 시 ⑧ 직계존비속 또는 배우자와의 유상거래 　　㉠ '일반양도' 및 '부담부증여 시 채무'를 증여 추정 　　㉡ 공매, 파산선고, 교환, 대가지급 소명 시 유상거래 인정 　　암기 | 공매, 파산(이라는 간판은) 교대역(에 많이 있다)

➕ 특수관계인에게 양도한 자산을 3년 내 당초 양도자의 직계존비속이나 배우자에게 양도 시 증여로 추정

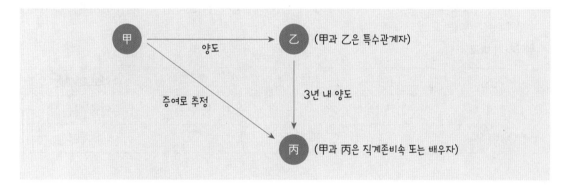

참고

부담부증여

1. 부담부증여 시 증여자의 채무를 수증자가 인수하는 경우 증여가액 중 수증자가 부담하는 채무액에 해당하는 부분을 양도로 본다.
2. 배우자 간 또는 직계존비속 간의 부담부증여 시에는 채무액에 해당하는 부분을 수증자에게 인수되지 않은 것으로 추정하여 양도로 보지 않는다.
3. 다만, 해당 채무액이 국가 및 지방자치단체에 대한 채무 등 법령에 정하는 바에 의하여 채무인수를 객관적으로 증명하는 경우에는 양도로 본다.

구분	증여가액 중 채무인수액	채무인수액 이외 부분
일반적인 경우	유상거래(증여자 양도소득세)	무상거래(수증자 증여세)
배우자, 직계존비속 간	① 원칙: 무상거래 추정(수증자 증여세) ② 예외: 채무인수 증명 시 유상거래 인정(증여자 양도소득세)	무상거래(수증자 증여세)

취득시기	양도시기
① 대금청산일 vs 등기접수일 　➕ 대금청산일 불분명 시, 등기접수일 ② 상속: 상속개시일 ③ 증여: 증여를 받은 날 　➕ 부동산의 경우 등기일 ④ 점유시효취득: 점유개시일 ⑤ 자가건축물: 사용승인서 교부일 vs 사실상 사용일 　➕ 무허가는 사실상 사용일 ⑥ 대금청산 후 완성: 목적물 완성일 ⑦ 환지받은 토지: 환지 전 토지의 취득일 　➕ 환지면적 증감 시 취득·양도시기: 환지처분 공고일의 다음 날 ⑧ 84. 12. 31. 이전 취득 시: 85. 1. 1.(부동산등)	① 대금청산일 vs 등기접수일 　➕ 대금청산일 불분명 시, 등기접수일 ② **장기**할부: **인**도일 vs **사**용수익일 vs **등**기접수일 　암기 | 장기는 인사등 ③ 수용: 대금청산일 vs 등기접수일 vs 수용개시일 　➕ 소유권에 관한 소송으로 보상금이 공탁된 경우: 　　<u>소송 판결 확정일</u> 　　　↳ 공탁일 ×

➕ 매수자 부담 양도소득세 등은 양도·취득시기 판단 시 대금에 포함되지 아니한다. 즉, 고려사항이 아니다(양도가액 및 매수자의 취득가액에는 포함).

✏️ 취득시기 비교

구분	취득세	양도소득세
증여	증여계약일(계약일 전 등기·등록 시, 등기·등록일)	증여를 받은 날
점유시효취득	등기·등록일	점유개시일

1 개요

'비과세 양도소득'이란 양도를 통한 소득 중 정책 목적상 과세하지 않기로 정한 다음의 경우를 말하며, 이 경우 과세권자가 과세권을 포기한 것으로 과세표준 및 세액의 신고 또는 신청의 절차나 과세관청의 행정적 처분이 필요 없다.

① 파산선고에 의한 처분으로 발생하는 소득

② 농지의 교환 또는 분합(分合)으로 발생하는 소득으로 교환 또는 분합하는 쌍방 토지가액의 차액이 큰 편의 4분의 1 이하로 다음의 어느 하나에 해당하는 경우

　㉠ 국가 또는 지방자치단체가 시행하는 사업으로 인하여 교환 또는 분합하는 농지

　㉡ 국가 또는 지방자치단체가 소유하는 토지와 교환 또는 분합하는 농지

　㉢ 경작상 필요에 의하여 교환하는 농지. 다만, 교환에 의하여 새로이 취득하는 농지를 3년 이상 농지 소재지에 거주하면서 경작하는 경우에 한한다.

　㉣ 「농어촌정비법」, 「농지법」, 「한국농어촌공사 및 농지관리기금법」 또는 「농업협동조합법」에 의하여 교환 또는 분합하는 농지

③ 다음 어느 하나에 해당하는 주택(주택 및 이에 딸린 토지의 양도 당시 실지거래가액의 합계액이 12억원을 초과하는 고가주택은 제외)과 이에 딸린 토지로서 건물이 정착된 면적에 지역별로 대통령령으로 정하는 배율을 곱하여 산정한 면적 이내의 토지(주택 부수토지)의 양도로 발생하는 소득

　㉠ 1세대가 1주택을 2년 이상 보유

　㉡ 1세대가 1주택을 양도하기 전에 다른 주택을 대체취득하거나 상속, 동거봉양, 혼인 등으로 인하여 2주택 이상을 보유하는 경우

④ 「지적재조사에 관한 특별법」에 따른 경계의 확정으로 지적공부상의 면적이 감소되어 지급받는 조정금

규's 출제포인트

1세대 1주택 양도소득 비과세(양도가액 12억원 초과 시 과세)

1세대	1주택	2년 이상 보유 등
① 동일주소 + 생계 + 배우자 및 가족 ② 30세 이상 또는 배우자의 사망·이혼 또는 일정 소득이 있으면 단독세대 가능 ③ 부부는 언제나 동일세대, 법률상 이혼 후 사실상 생계를 같이 하면 동일세대	① 사실상 주거용 건물, 부수토지는 도시지역 내 수도권 주·상·공 3배, 기타 5배, 도시지역 외 10배 ② 다가구주택: 구획된 1구를 1주택. 단, 하나의 단위로 양도 시 전체 1주택 ③ 겸용주택 　㉠ 주거 > 주거 외 ➡ 전부 주택 　㉡ 주거 ≤ 주거 외 ➡ 주택만 주택 　➕ 비과세 미적용 시: 각각 용도대로 판정 ④ 공유 시: 각자 소유(동일세대원이면 1주택) 　➕ 공동상속주택은 지분이 가장 큰 자 등 소유 ⑤ 같은 날 2채 이상 양도: 납세자 선택 ⑥ 입주권, 분양권도 주택 수에 포함	① 조정대상지역 지정 후 취득 시에는 2년 이상 거주 ② 보유·거주기간 예외 　㉠ 수용, 협의매수 　㉡ 일정한 임대주택 임차일 ~ 양도일 5년 이상 　㉢ 출국일부터 2년 내 양도 　㉣ 1년 이상 거주 + 부득이한 사유로 다른 시·군 이사 ③ 거주기간 예외 　㉠ 조정대상지역 지정 전 계약 　㉡ 계약금 지급일 현재 무주택

➕ 주택의 부수토지 판정 시 무허가정착면적도 포함한다.
➕ 2필지가 한 울타리 안에 있고 1세대가 주거용으로 사용 시에도 전부 부수토지로 본다.
➕ 노후 등으로 멸실 후 재건축한 경우 종전 주택 보유 및 거주기간을 통산한다.
➕ 동일세대원으로부터 상속 시 피상속인의 보유 및 거주기간을 통산한다.

1세대 1주택(부수토지 포함)의 양도로 발생하는 소득은 양도소득세를 과세하지 않는다. '1세대 1주택'이란 1세대가 양도일 현재 국내에 1주택을 보유하고 있는 경우로서, 해당 주택의 보유기간이 2년 이상인 것(취득 당시 조정대상지역에 있는 주택의 경우에는 해당 주택의 보유기간이 2년 이상이고 그 보유기간 중 거주기간이 2년 이상인 것)을 말한다.

1. 1세대

'1세대'란 거주자 및 그 배우자(법률상 이혼을 하였으나 생계를 같이 하는 등 사실상 이혼한 것으로 보기 어려운 관계에 있는 사람을 포함한다)가 그들과 같은 주소 또는 거소에서 생계를 같이 하는 자[거주자 및 그 배우자의 직계존비속(그 배우자를 포함) 및 형제자매를 말하며, 취학, 질병의 요양, 근무상 또는 사업상의 형편으로 본래의 주소 또는 거소에서 일시 퇴거한 사람을 포함한다]와 함께 구성하는 가족단위를 말한다. 다만, 다음의 경우에는 배우자가 없어도 1세대로 본다.

① 해당 거주자의 나이가 30세 이상인 경우

② 배우자가 사망하거나 이혼한 경우

③ 기준 중위소득의 100분의 40 수준 이상으로서 소유하고 있는 주택 또는 토지를 관리·유지하면서 독립된 생계를 유지할 수 있는 경우

2. 1주택

(1) 주택의 개념

'주택'이란 허가 여부나 공부상의 용도구분에 관계없이 <u>사실상 주거용</u>으로 사용하는 건물을 말한다.

→ 공부상 주택이나 양도일 현재 음식점 등으로 이용 시 비과세 적용대상이 아니다.

(2) 비과세 되는 1주택

① 1세대 1주택으로서 양도소득세가 비과세되기 위해서는 1세대가 양도일 현재 국내에 1주택만을 보유해야 한다.

② 1주택 양도 시 비과세되는 범위에는 주택에 딸린 토지(주택의 부수토지)를 포함한다. 이때 비과세되는 면적은 다음과 같다.

　㉠「국토의 계획 및 이용에 관한 법률」 제6조 제1호에 따른 도시지역 내의 토지

　　ⓐ「수도권정비계획법」 제2조 제1호에 따른 수도권 내의 토지 중 주거지역·상업지역 및 공업지역 내의 토지: 3배

　　ⓑ 수도권 내의 토지 중 녹지지역 내의 토지: 5배

　　ⓒ 수도권 밖의 토지: 5배

　㉡ 그 밖의 토지: 10배

③ 다가구주택의 경우: 1세대 1주택 비과세를 적용 시 다가구주택은 한 가구가 독립하여 거주할 수 있도록 구획된 부분을 각각 하나의 주택으로 본다. 다만, 해당 다가구주택을 구획된 부분별로 양도하지 아니하고 하나의 매매단위로 하여 양도하는 경우에는 그 전체를 하나의 주택으로 본다.

④ 겸용주택의 경우: 1세대 1주택 비과세를 적용 시 하나의 건물이 주택과 주택 외의 부분으로 복합되어 있는 경우와 주택에 딸린 토지에 주택 외의 건물이 있는 경우에는 그 전부를 주택으로 본다. 다만, 주택의 연면적이 주택 외의 부분의 연면적보다 적거나 같을 때에는 주택 외의 부분은 주택으로 보지 아니한다.

구분	건물	부수토지
주택면적 > 주택 외의 면적	전부 주택으로 본다.	전부를 주택의 부수토지로 본다.
주택면적 ≤ 주택 외의 면적	주택 외의 부분은 주택으로 보지 않는다.	전체 토지면적을 건물면적비율로 안분계산하여 주택 부수토지를 계산한다.

➕ 이렇게 계산된 주택 부수토지 가운데 위 ②-㉠의 비과세면적을 초과하는 토지부분은 비과세를 적용하지 아니한다.

⑤ **고가주택의 경우:** 고가주택의 양도에 대해서는 비과세가 적용되지 아니한다.

    ㉠ '고가주택'이란 주택 및 이에 딸린 토지의 양도 당시 실지거래가액의 합계액이 12억원을 초과하는 것을 말한다.

    ㉡ 겸용주택의 경우에는 주택으로 보는 부분(부수토지 포함)에 해당하는 실지거래가액을 포함하여 고가주택 여부를 판정한다.

    ㉢ 단독주택으로 보는 다가구주택의 경우에는 그 전체를 하나의 주택으로 보아 고가주택 여부를 판정한다.

> **참고**
>
> **겸용주택의 구분방법**
>
> 1. 고가주택이 아닌 경우
>
> | 구분 | 건물 |
> |---|---|
> | 주택면적 > 주택 외의 면적 | 전부 주택으로 본다. |
> | 주택면적 ≤ 주택 외의 면적 | 주택 부분만 주택으로 본다. |
>
> 2. 고가주택인 경우: 각각의 용도로 본다.
> 3. 비과세대상이 아닌 경우: 1세대 1주택 비과세대상이 아닌 겸용주택의 경우에는 특정 부분의 크기에 관계없이 각각의 용도로 한다.

⑥ **공동소유의 경우:** 공동 소유자 각자가 그 주택을 소유한 것으로 본다. 단, 동일세대원 간의 공동소유 시에는 1주택으로 본다.

⑦ **공동상속주택의 경우:** 상속지분이 가장 큰 상속인의 소유로 본다. 다만, 상속지분이 가장 큰 상속인이 2명 이상인 경우에는 당해 주택에 거주하는 자, 최연장자 순으로 공동상속주택을 소유한 것으로 본다.

⑧ 1세대 1주택 비과세 규정을 적용할 때 2개 이상의 주택을 같은 날 양도하는 경우에는 해당 거주자가 선택하는 순서에 따라 주택을 양도한 것으로 본다.

(3) 2년 이상 보유요건(취득 당시 조정대상지역은 2년 이상 거주)

① 양도소득세가 비과세되는 1세대 1주택은 그 보유기간이 2년 이상인 경우에 적용한다.

② 취득 당시에 조정대상지역에 있는 주택의 경우에는 해당 주택의 보유기간이 2년 이상이고 그 보유기간 중 거주기간이 2년 이상인 경우에 적용한다.

③ 보유기간 및 거주기간의 계산

    ㉠ 보유기간은 해당 주택의 취득일부터 양도일까지로 한다.

    ㉡ 거주기간은 주민등록표 등본에 따른 전입일부터 전출일까지의 기간으로 한다. 다만, 다음의 기간은 통산하여 계산한다.

        ⓐ 거주하거나 보유하는 중에 소실·무너짐·노후 등으로 인하여 멸실되어 재건축한 주택인 경우에는 그 멸실된 주택과 재건축한 주택에 대한 거주기간 및 보유기간

        ⓑ 비거주자가 해당 주택을 3년 이상 계속 보유하고 그 주택에서 거주한 상태로 거주자로 전환된 경우에는 해당 주택에 대한 거주기간 및 보유기간

ⓒ 상속받은 주택으로서 상속인과 피상속인이 상속개시 당시 동일세대인 경우에는 상속개시 전에 상속인과 피상속인이 동일세대로서 거주하고 보유한 기간

④ 보유기간 및 거주기간의 제한을 받지 않는 경우: 1세대가 양도일 현재 국내에 1주택을 보유하고 있는 경우로서 ㉠부터 ㉢까지의 어느 하나에 해당하는 경우에는 그 보유기간 및 거주기간의 제한을 받지 않는다.

㉠ 「민간임대주택에 관한 특별법」에 따른 민간건설임대주택이나 「공공주택 특별법」에 따른 공공건설임대주택 또는 공공매입임대주택을 취득하여 양도하는 경우로서 해당 임대주택의 임차일부터 양도일까지의 기간 중 세대전원이 거주(기획재정부령으로 정하는 취학, 근무상의 형편, 질병의 요양, 그 밖에 부득이한 사유로 세대의 구성원 중 일부가 거주하지 못하는 경우를 포함한다)한 기간이 5년 이상인 경우

㉡ 다음의 어느 하나에 해당하는 경우. 이 경우 ⓐ에 있어서는 그 양도일 또는 수용일부터 5년 이내에 양도하는 그 잔존주택 및 그 부수토지를 포함하는 것으로 한다.

ⓐ 주택 및 그 부수토지(사업인정 고시일 전에 취득한 주택 및 그 부수토지에 한한다)의 전부 또는 일부가 「공익사업을 위한 토지 등의 취득 및 보상에 관한 법률」에 의한 협의매수·수용 및 그 밖의 법률에 의하여 수용되는 경우

ⓑ 「해외이주법」에 따른 해외이주로 세대전원이 출국하는 경우. 다만, 출국일 현재 1주택을 보유하고 있는 경우로서 출국일부터 2년 이내에 양도하는 경우에 한한다.

ⓒ 1년 이상 계속하여 국외거주를 필요로 하는 취학 또는 근무상의 형편으로 세대전원이 출국하는 경우. 다만, 출국일 현재 1주택을 보유하고 있는 경우로서 출국일부터 2년 이내에 양도하는 경우에 한한다.

㉢ 1년 이상 거주한 주택을 기획재정부령으로 정하는 취학, 근무상의 형편, 질병의 요양, 그 밖에 부득이한 사유로 양도하는 경우

⑤ 거주기간의 제한을 받지 않는 경우: 거주자가 조정대상지역의 공고가 있는 날 이전에 매매계약을 체결하고 계약금을 지급한 사실이 증빙서류에 의하여 확인되는 경우로서, 해당 거주자가 속한 1세대가 계약금 지급일 현재 주택을 보유하지 아니하는 경우에는 거주기간의 제한을 받지 아니한다.

참고

상생임대주택에 대한 1세대 1주택의 특례

국내에 1주택을 소유한 1세대가 다음의 요건을 모두 갖춘 주택(상생임대주택)을 양도하는 경우에는 1세대 1주택 비과세 규정을 적용할 때 거주기간의 제한을 받지 않는다.

1. 1세대가 주택을 취득한 후 해당 주택에 대하여 임차인과 체결한 직전 임대차계약(해당 주택의 취득으로 임대인의 지위가 승계된 경우의 임대차계약은 제외) 대비 임대보증금 또는 임대료의 증가율이 100분의 5를 초과하지 않는 임대차계약(상생임대차계약)을 2021년 12월 20일부터 2024년 12월 31일까지의 기간 중에 체결(계약금을 지급받은 사실이 확인되는 경우로 한정)하고 상생임대차계약에 따라 임대한 기간이 2년 이상일 것
2. 위 1.에 따른 직전 임대차계약에 따라 임대한 기간이 1년 6개월 이상일 것

3 1세대 1주택의 비과세 특례

1세대 1주택의 비과세 특례

일시적 2주택	기타	입주권 등
1년 경과 후 신규 주택 취득 + 3년 내 종전 주택 양도	① 일반주택 + 상속주택: 일반주택 양도 ② 혼인: 5년 내 먼저 양도 ③ 동거봉양(60세 이상): 10년 내 먼저 양도 ④ 일반 + 문화재·농어촌: 일반주택 양도 　➕ 귀농주택은 5년 내 양도 ⑤ 거주 + 장기임대·어린이집: 거주주택 양도(단, 2년 이상 거주)	① 관리처분 당시 비과세요건 충족 시 ② 신규 주택 취득 후 3년 내 입주권 양도 시 ③ 분양권·입주권 취득 후 3년 내 종전 주택 양도 시 　➕ 분양권·입주권 취득 후 3년 경과 후 양도하더라도 다음 요건 충족 시 비과세 　　1. 완공 전 또는 완공 후 3년 내 종전 주택 양도 　　2. 완공 후 3년 내 세대원 전원이 이사 후 전입 　　3. 전입 후 1년 이상 거주

1. 일시적 2주택에 대한 비과세 특례

국내에 1주택을 소유한 1세대가 그 주택(종전의 주택)을 양도하기 전에 다른 주택(신규 주택)을 취득(자기가 건설하여 취득한 경우를 포함한다)함으로써 일시적으로 2주택이 된 경우, 종전의 주택을 취득한 날부터 1년 이상이 지난 후 신규 주택을 취득하고 신규 주택을 취득한 날부터 3년 이내에 종전의 주택을 양도하는 경우에는 이를 1세대 1주택으로 보아 비과세한다.

2. 직계존속의 동거봉양을 위한 일시적 2주택

1주택을 보유하고 1세대를 구성하는 자가 1주택을 보유하고 있는 60세 이상의 직계존속을 동거봉양하기 위하여 세대를 합침으로써 1세대가 2주택을 보유하게 되는 경우, 합친 날부터 10년 이내에 먼저 양도하는 주택은 이를 1세대 1주택으로 보아 비과세 규정을 적용한다.
└▸ 이후 양도하는 주택도 요건충족 시 비과세를 적용한다.

3. 혼인으로 인한 일시적 2주택

다음의 경우는 각각 혼인한 날부터 5년 이내에 먼저 양도하는 주택은 이를 1세대 1주택으로 보아 비과세 규정을 적용한다.
└▸ 이후 양도하는 주택도 요건충족 시 비과세를 적용한다.

① 1주택을 보유하는 자가 1주택을 보유하는 자와 혼인함으로써 1세대가 2주택을 보유하게 되는 경우

② 1주택을 보유하고 있는 60세 이상의 직계존속을 동거봉양하는 무주택자가 1주택을 보유하는 자와 혼인함으로써 1세대가 2주택을 보유하게 되는 경우

4. 상속으로 인한 1세대 2주택

상속받은 주택과 그 밖의 주택을 국내에 각각 1개씩 소유하고 있는 1세대가 일반주택을 양도하는 경우에는 국내에 1개의 주택을 소유하고 있는 것으로 보아 비과세 규정을 적용한다.

5. 문화재주택 및 농어촌주택으로 인한 1세대 2주택

지정문화재 및 국가등록문화재에 해당하는 주택 또는 농어촌주택과 그 밖의 주택(일반주택)을 국내에 각각 1개씩 소유하고 있는 1세대가 일반주택을 양도하는 경우(귀농주택의 경우 5년 내)에는 국내에 1개의 주택을 소유하고 있는 것으로 보아 비과세 규정을 적용한다.

6. 장기임대주택 등에 관한 특례

장기임대주택 또는 장기어린이집과 그 밖의 1주택을 국내에 소유하고 있는 1세대가 2년 이상 거주주택을 양도하는 경우(장기임대주택을 보유하고 있는 경우에는 생애 한 차례만 거주주택을 최초로 양도하는 경우로 한정한다)에는 국내에 1개의 주택을 소유하고 있는 것으로 보아 비과세 규정을 적용한다.

4 조합원입주권 등에 대한 비과세 특례

1. 1조합원입주권 양도 시 비과세

조합원입주권을 1개 보유한 1세대(도시 및 주거환경정비법에 따른 관리처분계획의 인가일 및 빈집 및 소규모주택 정비에 관한 특례법에 따른 사업시행계획인가일 현재 1세대 1주택 비과세요건을 충족하는 기존주택을 소유하는 세대)가 다음의 어느 하나의 요건을 충족하여 양도하는 경우 해당 조합원입주권을 양도하여 발생하는 소득. 다만, 해당 조합원입주권의 양도 당시 실지거래가액이 12억원을 초과하는 경우에는 양도소득세를 과세한다.

① 양도일 현재 다른 주택 또는 분양권을 보유하지 아니할 것
② 양도일 현재 1조합원입주권 외에 1주택을 보유한 경우(분양권을 보유하지 아니하는 경우로 한정한다)로서 해당 1주택을 취득한 날부터 3년 이내에 해당 조합원입주권을 양도할 것

2. 1세대 1주택에 대한 비과세 배제

① 1세대가 주택(주택부수토지를 포함한다)과 조합원입주권 또는 분양권을 보유하다가 그 주택을 양도하는 경우에는 비과세 규정에도 불구하고 1세대 1주택 비과세 규정을 적용하지 아니한다.
② 다만, 다음의 어느 하나에 해당하는 경우에는 1세대 1주택으로 보아 비과세 규정을 적용한다.
  ㉠ 국내에 1주택을 소유한 1세대가 그 주택(종전 주택)을 양도하기 전에 조합원입주권(또는 분양권)을 취득함으로써 일시적으로 1주택과 1조합원입주권(또는 1분양권)을 소유하게 된 경우 종전 주택을 취득한 날부터 1년 이상이 지난 후에 조합원입주권(또는 분양권)을 취득하고 그 조합원입주권(또는 분양권)을 취득한 날부터 3년 이내에 종전 주택을 양도하는 경우

ⓛ 국내에 1주택을 소유한 1세대가 그 주택(종전 주택)을 양도하기 전에 조합원입주권(또는 분양권)을 취득함으로써 일시적으로 1주택과 1조합원입주권(또는 1분양권)을 소유하게 된 경우 종전 주택을 취득한 날부터 1년이 지난 후에 조합원입주권(또는 분양권)을 취득하고 그 조합원입주권(또는 분양권)을 취득한 날부터 3년이 지나 종전 주택을 양도하는 경우로서 다음의 요건을 모두 갖춘 경우

ⓐ 재개발사업, 재건축사업 또는 소규모재건축사업 등의 관리처분계획 등에 따라 취득하는 주택이 완성(또는 분양권에 따라 취득하는 주택이 완성)된 후 3년 이내에 그 주택으로 세대전원이 이사(취학, 근무상의 형편, 질병의 요양 그 밖의 부득이한 사유로 세대의 구성원 중 일부가 이사하지 못하는 경우를 포함한다)하여 1년 이상 계속하여 거주할 것

ⓑ 재개발사업, 재건축사업 또는 소규모재건축사업 등의 관리처분계획 등에 따라 취득하는 주택(또는 분양권에 따라 취득하는 주택)이 완성되기 전 또는 완성된 후 3년 이내에 종전의 주택을 양도할 것

| 5절 | 양도소득과세표준의 계산

규's 출제포인트

양도소득과세표준의 계산

양도가액		실지거래가액 ➡ 매매사례가액 ➡ 감정가액 순서	기준시가
(−) 필요경비	취득가액	실지거래가액 ➡ 매매사례가액 ➡ 감정가액 ➡ 환산취득가액 순서	기준시가
	기타 필요경비	취득가액이 '실지거래가액'일 때만 실제 자본적 지출, 양도비용 적용, 그 외에는 필요경비 개산공제	필요경비 개산공제
= 양도차익 (−) 장기보유특별공제		3년 이상 보유 + 등기된(미등기, 국외 제외) + 토지, 건물, (원)조합원입주권	
= 양도소득금액 (−) 양도소득기본공제		소득(그룹)별 연 250만원(미등기 제외, 자산별 250만원 아님)	
= 과세표준			

암기 | 양필(이가) 양장(을 배우기 위해) 양본과(에 들어갔다)

1 양도차익의 산정기준

양도차익을 계산할 때 양도가액을 실지거래가액(매매사례가액·감정가액이 적용되는 경우 그 매매사례가액·감정가액 등을 포함한다)에 따를 때에는 취득가액도 실지거래가액(매매사례가액·감정가액·환산취득가액이 적용되는 경우 그 매매사례가액·감정가액·환산취득가액 등을 포함한다)에 따르고, 양도가액을 기준시가에 따를 때에는 취득가액도 기준시가에 따른다.

1. 원칙: 실지거래가액

양도소득세가 과세되는 자산의 양도가액 또는 취득가액은 그 자산의 양도 또는 취득 당시 실지거래가액에 따른다.

2. 예외: 추계가액

장부, 매매계약서, 영수증 그 밖의 증명서류에 의하여 해당 자산의 양도 당시 또는 취득 당시의 실지거래가액을 인정 또는 확인할 수 없는 경우에는, 양도가액 또는 취득가액을 매매사례가액, 감정가액, 환산취득가액 또는 기준시가 등의 순서로 산정할 수 있다. 환산취득가액은 있지만 환산양도가액이라는 것은 없다. ◀┘

> **참고**
>
> **추계가액**
> 1. 매매사례가액: 양도일 또는 취득일 전후 각 3개월 이내에 해당 자산(주권상장법인의 주식 등은 제외)과 동일성 또는 유사성이 있는 자산의 매매사례가 있는 경우 그 가액
> 2. 감정가액: 양도일 또는 취득일 전후 각 3개월 이내에 해당 자산(주식 등을 제외)에 대하여 둘 이상의 감정평가법인등이 평가한 것으로서 신빙성이 있는 것으로 인정되는 감정가액(감정평가기준일이 양도일 또는 취득일 전후 각 3개월 이내인 것에 한정)이 있는 경우에는 그 감정가액의 평균액을 말한다.
> 3. 환산취득가액(토지·건물 및 부동산을 취득할 수 있는 권리에 대해 적용): 환산취득가액 = 양도 당시의 실지거래가액, 매매사례가액, 감정가액 × 취득 당시의 기준시가/양도 당시의 기준시가
> 4. 기준시가: 국세 부과 시 법의 규정에 따라 산정한 가액으로 양도가액 또는 취득가액 계산에 있어 기준이 되는 금액

3. 토지와 건물을 함께 취득하거나 양도한 경우

① 양도가액 또는 취득가액을 실지거래가액에 따라 산정하는 경우로서 토지와 건물 등을 함께 취득하거나 양도한 경우에는 이를 각각 구분하여 기장하되 토지와 건물 등의 가액 구분이 불분명할 때에는 취득 또는 양도 당시의 기준시가 등을 고려하여 대통령령으로 정하는 바에 따라 안분계산(按分計算)한다. 이 경우 공통되는 취득가액과 양도비용은 해당 자산의 가액에 비례하여 안분계산한다.

② 토지와 건물 등을 함께 취득하거나 양도한 경우로서 그 토지와 건물 등을 구분 기장한 가액이 안분계산한 가액과 100분의 30 이상 차이가 있는 경우에는 토지와 건물 등의 가액 구분이 불분명한 때로 본다.

✎ **양도차익의 계산구조**

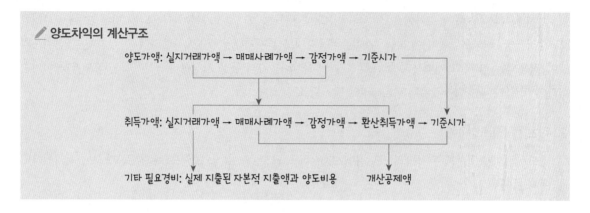

1. 개요

양도가액	
(−) 필요경비	취득가액 + 기타 필요경비(자본적 지출액 + 양도비용)
= 양도차익	양도자산별로 계산한다.

① 필요경비는 다음과 같이 계산한다.

구분	취득가액	기타 필요경비
실지거래가액에 의한 경우	실지거래가액	실지 자본적 지출액, 양도비용
추계방법에 의한 경우	매매사례가액, 감정가액, 환산취득가액, 기준시가	개산공제

계산을 간소화하기 위하여 비율에 따라 어림잡아 계산하는 제도 ◀

② 실지거래가액을 확인할 수 없는 경우에만 매매사례가액, 감정가액 또는 환산취득가액을 적용한다.

③ 기타 필요경비에 대한 개산공제액은 다음과 같다.

　㉠ 토지, 건물: 취득 당시의 기준시가 × 100분의 3(미등기양도자산의 경우에는 1,000분의 3)

　㉡ 지상권, 전세권, 등기된 임차권: 취득 당시의 기준시가 × 100분의 7(미등기 제외)

　㉢ 부동산을 취득할 수 있는 권리, 기타자산, 주식 등: 취득 당시의 기준시가 × 100분의 1

④ 취득가액을 환산취득가액으로 하는 경우 다음 중 큰 금액을 필요경비로 할 수 있다.

　㉠ 환산취득가액과 개산공제액의 합

　㉡ 실제 지출된 자본적 지출액과 양도비용

2. 취득가액(실지거래가액)의 범위

(1) 취득가액에 포함되는 항목

취득가액에 포함되는 항목	비고
① 취득부대비용(현재가치할인차금 포함) ㉠ 취득세, 등록면허세 등 기타 부대비용 ㉡ 자기가 행한 제조, 생산 또는 건설에 의하여 취득한 자산은 원재료비, 노무비, 운임, 하역비, 보험료 등 기타 부대비용의 합 ㉢ 부가가치세	㉠ 취득세, 등록면허세 등은 납부영수증이 없는 경우에도 필요경비로 공제 ㉡ 부당행위계산에 따른 시가초과액은 제외 ㉢ 매입세액공제를 받은 부가가치세는 제외
② 당사자 약정에 따른 대금지급방법에 따라 취득원가에 이자상당액을 가산하여 거래가액을 확정하는 경우 해당 이자상당액	당초 약정에 따른 거래가액의 지급기일의 지연으로 추가 발생하는 이자상당액은 제외
③ 취득에 관한 쟁송이 있는 자산에 대해서 그 소유권 등을 확보하기 위하여 직접 소요된 소송비용, 화해비용 등의 금액	그 지출한 연도의 각 소득금액을 계산할 때 필요경비에 산입된 것은 제외

(2) 현재가치할인차금

① 사업자가 현재가치할인차금을 계상한 경우에는 그 현재가치할인차금은 취득가액에 포함한다.
② 단, 양도자산의 보유기간 중에 그 현재가치할인차금의 상각액을 각 연도의 사업소득금액 계산 시 필요경비로 산입하였거나 산입할 금액이 있는 때에는 그 금액을 취득가액에서 공제한다.

(3) 감가상각비

양도자산 보유기간에 그 자산에 대한 감가상각비로서 각 과세기간의 사업소득금액을 계산하는 경우 필요경비에 산입하였거나 산입할 금액이 있을 때에는 그 금액을 공제한 금액을 그 취득가액으로 한다 (기준시가를 취득가액으로 하는 경우는 제외).

(4) 양수자가 부담하기로 한 양도소득세 등을 그대로 납부하였다면 매도인의 양도가액 및 양수인의 취득가액에 이를 포함한다.
 └ 취득·양도시기 판정 시 대금에는 포함하지 아니한다.

3. 자본적 지출액과 양도비용의 범위

자본적 지출액 및 양도비용은 적격증명서류(세금계산서, 계산서, 신용카드매출전표, 현금영수증 등)를 수취·보관하거나 실제 지출사실이 금융거래 증명서류에 의하여 확인되는 경우에만 양도차익 계산 시 <u>필요경비</u>로 공제할 수 있다.

└─• 대출금이자, 상속세 및 증여세, 재산세, 종합부동산세, 수익적 지출(현상유지를 위한 지출) 등은 필요경비로 인정되지 아니한다.

자본적 지출액	양도비용
① 내용연수를 연장시키거나 해당 자산의 가치를 현실적으로 증가시키기 위해 지출한 다음의 수선비 ㉠ 본래의 용도를 변경하기 위한 개조 ㉡ 엘리베이터 또는 냉·난방장치의 설치 ㉢ 빌딩 등의 피난시설 등의 설치 ㉣ 재해 등으로 인하여 건물·기계·설비 등이 멸실 또는 훼손되어 당해 자산의 본래 용도로의 이용가치가 없는 것의 복구 ② 양도자산의 용도변경·개량 또는 이용편의를 위하여 지출한 비용(재해·노후화 등 부득이한 사유로 인하여 건물을 재건축한 경우 그 철거비용을 포함) ③ 법령에 따른 개발부담금 및 재건축부담금	① 자산을 양도하기 위하여 직접 지출한 비용으로서 다음의 비용 ㉠ 「증권거래세법」에 따라 납부한 증권거래세 ㉡ 양도소득세과세표준 신고서 작성비용 및 계약서 작성비용 ㉢ 공증비용, 인지대 및 소개비 ㉣ 매매계약에 따른 인도의무를 이행하기 위하여 양도자가 지출하는 명도비용 ② 자산을 취득함에 있어서 법령 등의 규정에 따라 매입한 국민주택채권 및 토지개발채권을 만기 전에 양도함으로써 발생하는 매각차손. 이 경우 금융기관 외의 자에게 양도한 경우에는 동일한 날에 금융기관에 양도하였을 경우 발생하는 매각차손을 한도로 한다.

3 장기보유특별공제

규'S 출제포인트

장기보유특별공제

일반	특례
① 국내 소재 토지, 건물, 원조합원 입주권(승계조합원 ×)	① 1세대 1주택 비과세요건을 갖춘 고가주택 등
② 3년 이상 보유	② 보유기간(3년 이상) 및 거주기간(2년 이상) 공제율
③ 보유기간 × 2% → 30% 한도	합(동시충족 시)
④ 국외양도자산 및 미등기 적용 제외	③ 보유기간 및 거주기간 × 4%(각각 40% 한도)

➕ 보유기간: 취득일~양도일

  1. 일반상속: 상속개시일~양도일

  2. 입주권으로 전환된 주택: 주택취득일~관리처분계획인가일 등

  3. 이월과세 적용 시: 증여자의 취득일~수증자의 양도일

1. 공제대상 자산

장기보유특별공제는 다음의 자산에 대해서 적용한다.

① 토지 및 건물로서 보유기간이 3년 이상인 것. 다만, 미등기양도자산과 조정대상지역 내 주택으로 다음의 어느 하나에 해당하는 주택은 제외한다.

  ㉠ 1세대 2주택 이상에 해당하는 주택

  ㉡ 1세대가 1주택과 조합원입주권(또는 분양권)을 그 수의 합이 2 이상인 경우의 해당 주택(다만, 중과 제외하는 장기임대주택 등의 경우는 제외)

> **참고**
>
> **조정대상지역 내 다주택자에 대한 중과 배제**
>
> 2022. 5. 10.~2024. 5. 9.까지 2년간 조정대상지역 내 주택양도 시 주택 수 2 이상 등의 경우 중과세율 적용 및 장기보유특별공제 배제 규정은 적용하지 않는다. 즉, 일반적인 세율 적용과 3년 이상 보유 시 장기보유특별공제(30% 한도)를 적용한다.

② 부동산을 취득할 수 있는 권리 중 조합원입주권(조합원으로부터 취득한 것은 제외)

2. 공제액의 계산

(1) 일반적인 경우

장기보유특별공제액 = 양도차익 × 보유기간별 공제율

보유기간	공제율
3년 이상 4년 미만	100분의 6
4년 이상 5년 미만	100분의 8
5년 이상 6년 미만	100분의 10
6년 이상 7년 미만	100분의 12
7년 이상 8년 미만	100분의 14
8년 이상 9년 미만	100분의 16
9년 이상 10년 미만	100분의 18
10년 이상 11년 미만	100분의 20
11년 이상 12년 미만	100분의 22
12년 이상 13년 미만	100분의 24
13년 이상 14년 미만	100분의 26
14년 이상 15년 미만	100분의 28
15년 이상	100분의 30

① 보유기간은 그 자산의 취득일부터 양도일까지로 한다.

② 다만, 다음의 경우에는 다음에 규정한 날을 취득일로 보아 보유기간을 계산한다.

　㉠ 배우자, 직계존비속 간 증여재산에 대해 이월과세를 적용받는 경우에는, 증여한 배우자 또는 직계존비속이 해당 자산을 취득한 날

　㉡ 가업상속공제가 적용된 비율에 해당하는 자산의 경우에는, 피상속인이 해당 자산을 취득한 날

(2) 조합원입주권을 양도하는 경우

「도시 및 주거환경정비법」에 따른 관리처분계획인가 전 양도차익으로 한정한다. 또한, 장기보유특별공제액을 공제하는 경우의 보유기간은 기존건물과 그 부수토지의 취득일부터 관리처분계획 등 인가일까지의 기간으로 한다.

(3) 1세대 1주택의 경우

① 1세대 1주택 비과세요건을 갖춘 고가주택의 장기보유특별공제액은 다음과 같이 계산한 금액으로 한다.

> 장기보유특별공제액 = 1세대 1주택의 양도차익 × (보유기간별 공제율 + 거주기간별 공제율)

보유기간	공제율	거주기간	공제율
3년 이상 4년 미만	100분의 12	2년 이상 3년 미만 (보유기간 3년 이상에 한정함)	100분의 8
		3년 이상 4년 미만	100분의 12
4년 이상 5년 미만	100분의 16	4년 이상 5년 미만	100분의 16
5년 이상 6년 미만	100분의 20	5년 이상 6년 미만	100분의 20
6년 이상 7년 미만	100분의 24	6년 이상 7년 미만	100분의 24
7년 이상 8년 미만	100분의 28	7년 이상 8년 미만	100분의 28
8년 이상 9년 미만	100분의 32	8년 이상 9년 미만	100분의 32
9년 이상 10년 미만	100분의 36	9년 이상 10년 미만	100분의 36
10년 이상	100분의 40	10년 이상	100분의 40

② 1세대 1주택에 대한 장기보유특별공제를 적용할 때 1세대 1주택이란, 세대가 양도일 현재 국내에 주택을 보유하고 <u>보유기간 중 거주기간이 2년 이상</u>인 것을 말한다.

> ↳ 1세대 1주택 비과세요건을 충족한 고가주택으로 3년 이상 보유하였으나 보유기간 중 2년 이상 거주를 하지 아니하였다면 일반공제율(최대 30% 한도)을 적용한다.

4 양도소득기본공제

1. 개요

양도소득이 있는 거주자에 대해서는 다음의 소득별로 해당 과세기간의 양도소득금액에서 각각 연 250만원을 공제한다.

양도소득금액 (−) 양도소득기본공제	소득별로 연 250만원 한도
= 과세표준	

① 토지, 건물, 부동산에 관한 권리 및 기타 자산의 양도소득금액(미등기양도소득금액 제외)

② 주식 및 출자지분의 양도로 인하여 발생하는 양도소득금액

③ 파생상품 관련 양도소득금액

④ 신탁수익권의 양도소득금액

2. 공제방법

① 양도소득금액에 법률에 따른 감면소득금액이 있는 경우에는 그 감면소득금액 외의 양도소득금액에서 먼저 공제한다.

② 감면소득금액 외의 양도소득금액 중에서는 해당 과세기간에 먼저 양도한 자산의 양도소득금액에서부터 순서대로 공제한다.

📝 장기보유특별공제와 양도소득기본공제의 비교

구분	장기보유특별공제	양도소득기본공제
대상	토지, 건물, 조합원입주권	모든 자산 (단, 자산별이 아닌 소득별로 공제)
보유기간	3년 이상	불문
공제율·공제금액	보유기간 × 2% → 30% 한도 (단, 1세대 1주택으로 일정한 요건 충족 시 최대 80%)	소득별로 연 250만원
미등기양도자산	공제 불가	공제 불가
국외양도자산	공제 불가	공제 가능

└→ 3년 이상 보유 + 2년 이상 거주

| 6절 | 양도소득금액 계산의 특례

1 양도차손의 공제

1. 양도소득금액의 구분계산

양도소득금액은 다음의 소득별로 구분하여 계산한다. 이 경우 소득금액을 계산할 때 발생하는 결손금은 다른 소득금액과 합산하지 아니한다.

① 토지, 건물, 부동산에 관한 권리 및 기타 자산의 양도소득금액

② 주식 및 출자지분의 양도로 인하여 발생하는 양도소득금액

③ 파생상품 관련 양도소득금액

④ 신탁수익권의 양도소득금액

2. 양도차손의 통산

양도소득금액을 계산할 때 양도차손이 발생한 자산이 있는 경우에는 같은 소득 내에서 해당 자산 외의 다른 자산에서 발생한 양도소득금액에서 그 양도차손을 공제한다.

3. 공제 후 남은 결손금

양도차손공제 후 남은 결손금은 다른 소득금액에서 공제받을 수 없다.

> 📖 토지, 건물, 부동산에 관한 권리 및 기타 자산의 양도소득금액에서 발생한 결손금은 신탁수익권의 양도소득금액에서 공제할 수 없으며, 차기 이후 과세기간의 양도소득금액에서 이월공제도 받을 수 없다.

2 고가주택(입주권)의 양도차익, 부담부증여 시 양도차익   30회·31회·34회

1. 고가주택(입주권)의 양도차익

① 1세대 1주택 비과세요건을 갖춘 고가주택 및 입주권(양도가액 12억원 초과)

  ➕ 다가구주택은 전체를 1주택으로, 겸용주택은 주택 부분만 주택으로 보아 판단

② '전체양도차익 × (양도가액 − 12억원)/양도가액' 만큼만 과세. 즉, 12억원 초과분에 대해 과세

2. 부담부증여 시 양도차익

증여가액 중 채무액에 상당하는 부분이 차지하는 비율만큼 과세

> 📖 취득가액 2억원, 증여재산가액 10억원 중 채무인수부분이 5억원인 경우 양도차익은 4억원이다(기타 필요경비는 없음).

> - 양도가액: 10억원 × 5억원/10억원 = 5억원
> - (취득가액) 2억원 × 5억원/10억원 = (1억원) ➡ 따라서 양도차익은 4억원

부당행위계산부인 vs 이월과세

➡ 요건 충족 시 취득가액 및 취득시기를 당초 '증여자' 기준으로 계산

구분	부당행위계산부인	이월과세
수증자	특수관계자	직계존비속 또는 배우자
대상	모든 양도소득세 과세대상 자산	토지, 건물, 시설물이용권, 회원권, 입주권, 분양권 등 취득할 수 있는 권리
납세의무자	증여자	수증자
증여세	부과 취소(반환)	필요경비 산입
연대납세의무	있음	없음
적용 배제	양도소득이 수증자에게 실질적으로 귀속된 경우	수용, 사망으로 인한 혼인관계 소멸, 1세대 1주택, 이월과세를 적용하지 않은 세액이 더 큰 경우

3 배우자, 직계존비속 간 증여재산에 대한 이월과세   31회 · 32회

1. 개요

거주자가 양도일부터 소급하여 10년 이내에 그 배우자(양도 당시 혼인관계가 소멸된 경우 포함) 또는 직계존비속으로부터 증여받은 토지, 건물 등의 자산의 양도차익을 계산할 때 양도가액에서 공제할 취득가액은 그 배우자 또는 직계존비속의 취득 당시를 기준으로 계산한다.

2. 내용

(1) 적용요건

배우자 또는 직계존비속으로부터 증여받은 자산을 수증일부터 10년(등기부에 기재된 기간) 이내에 제3자에게 양도해야 한다.

(2) 적용대상

토지, 건물 또는 부동산을 취득할 수 있는 권리(그 건물이 완성되는 때에 그 건물과 이에 딸린 토지를 취득할 수 있는 권리를 포함한다), 시설물이용권, 회원권을 양도한 경우에 한한다.

(3) 이월과세 적용 시 변동사항

① 납세의무자: 납세의무자는 변동이 없다. 즉, 증여받은 배우자 또는 직계존비속이다.

② 기납부증여세: 거주자가 증여받은 자산에 대하여 납부하였거나 납부할 증여세 상당액이 있는 경우에는 필요경비에 산입한다.

③ **양도차익 계산 시 취득가액**: 양도차익을 계산할 때 양도가액에서 공제할 취득가액은 그 배우자 또는 직계존비속의 취득 당시의 금액(실지거래가액을 확인할 수 없는 경우에는 매매사례가액 등 추계가액 적용)으로 한다.

④ **보유기간**: 증여한 배우자 또는 직계존비속이 해당자산을 취득한 날부터 양도일까지를 보유기간으로 한다.

(4) 연대납세의무

증여자와 수증자의 연대납세의무는 없다.

(5) 이월과세 배제

① 양도 당시 사망으로 인하여 혼인관계가 소멸된 경우

② 사업인정고시일부터 소급하여 2년 이전에 증여받은 경우로서 「공익사업을 위한 토지 등의 취득 및 보상에 관한 법률」이나 그 밖의 법률에 따라 협의매수 또는 수용된 경우

③ 이월과세 규정을 적용했을 때 1세대 1주택 비과세 양도에 해당되는 경우[양도소득의 비과세대상에서 제외되는 고가주택(부수토지를 포함)을 포함한다]

④ 이월과세 규정을 적용하여 계산한 양도소득 결정세액이 이월과세 규정을 적용하지 아니하고 계산한 양도소득 결정세액보다 적은 경우

4 부당행위계산부인 31회 · 33회

1. 증여 후 양도의 부인

(1) 개요

거주자가 특수관계인으로부터 증여받은 자산을 증여받은 날부터 10년 이내에 제3자에게 양도한 경우 일정한 요건 충족 시 증여자가 직접 제3자에게 양도한 것으로 본다.

(2) 요건

거주자가 특수관계인(이월과세 규정을 적용받는 배우자 및 직계존비속의 경우는 제외)에게 자산을 증여한 후 그 자산을 증여받은 자가 그 증여일부터 10년 이내에 다시 타인에게 양도한 경우로서 다음 ①에 따른 세액이 ②에 따른 세액보다 적은 경우 본 규정을 적용한다.

① 증여받은 자의 증여세(상속세 및 증여세법에 따른 산출세액에서 공제 · 감면세액을 뺀 세액)와 양도소득세(이 법에 따른 산출세액에서 공제 · 감면세액을 뺀 결정세액)를 합한 세액

② 증여자가 직접 양도하는 경우로 보아 계산한 양도소득세

(3) 적용대상

모든 양도소득세 과세대상 자산에 적용한다.

(4) 부당행위계산부인 적용 시 변동사항

① **납세의무자**: 당초 증여자가 그 자산을 직접 양도한 것으로 본다. 다만, 양도소득이 해당 수증자에게 실질적으로 귀속된 경우에는 그러하지 아니하다.

② **기납부증여세**: 증여자에게 양도소득세가 과세되는 경우에는 당초 증여받은 자산에 대해서는 「상속세 및 증여세법」의 규정에도 불구하고 증여세를 부과하지 아니한다.

③ **양도차익 계산**: 증여자가 직접 양도한 것으로 보기에 당연히 증여자의 취득가액을 양도가액에서 공제하며 보유기간도 증여자의 취득일부터 기산한다.

(5) 연대납세의무

증여자와 수증자는 연대납세의무가 있다.

2. 저가양도, 고가취득

① 특수관계자와의 거래 + 부당한 조세감소(시가와 거래가액의 차이가 3억원 또는 시가의 5% 이상)

② 거래가액을 부인하고 시가대로 과세

③ 이 규정을 적용함에 있어 시가는 「상속세 및 증여세법」 규정을 준용하여 평가한 가액에 따름

| 7절 | # 세율

1 개요

30회 · 34회

양도소득세 세율은 다음과 같다. 이 경우 하나의 자산이 둘 이상의 세율에 해당할 때에는 해당 세율을 적용하여 계산한 양도소득 산출세액 중 큰 것을 그 세액으로 한다.

1. 부동산, 부동산에 관한 권리, 기타자산(주택, 조합원입주권, 분양권 제외)

대상 자산	세율
미등기양도자산	70%
1년 미만 보유	50%
1년 이상 2년 미만 보유	40%
2년 이상 보유(기본세율)	6~45%
비사업용 토지	16~55%

2. 주택, 조합원입주권

대상 자산	세율
미등기양도자산	70%
1년 미만 보유	70%
1년 이상 2년 미만 보유	60%
2년 이상 보유(기본세율)	6~45%
조정대상지역 내 주택 양도(2주택자)	26~65%
조정대상지역 내 주택 양도(3주택자 이상)	36~75%

① 조정대상지역 내 주택 양도 시 주택의 수 계산은 조합원입주권 또는 분양권을 포함하여 계산한다.

② 조정대상지역 주택 양도 시 해당 주택 보유기간이 2년 미만인 경우에는 6~45%의 세율에 100분의 20(3주택 이상의 경우 100분의 30)을 더한 세율을 적용하여 계산한 양도소득 산출세액과 70%(1년 미만 보유) 또는 60%(2년 미만 보유)의 세율을 적용하여 계산한 양도소득 산출세액 중 큰 세액을 양도소득 산출세액으로 한다.

> **참고**
>
> **2년 이상 보유한 조정대상지역 내 주택 양도 시 다주택자에 대한 양도소득세 중과세율 한시적 배제**
> 중과세율을 적용하지 않는 주택에 '보유기간이 2년(재개발사업, 재건축사업 또는 소규모재건축사업 등을 시행하는 정비사업조합의 조합원이 해당 조합에 기존건물과 그 부수토지를 제공하고 관리처분계획 등에 따라 취득한 신축주택 및 그 부수토지를 양도하는 경우의 보유기간은 기존건물과 그 부수토지의 취득일부터 기산한다) 이상인 주택을 2024년 5월 9일까지 양도하는 경우 그 해당 주택'이라는 문구를 삽입함으로써 한시적으로 중과세율을 적용하지 아니한다(소득세법 시행령 제167조의10 제1항 제12의2호 및 제167조의3 제1항 제12의2호).

3. 분양권

보유기간	세율
1년 미만 보유	70%
1년 이상 보유	60%

4. 기타자산 ──→ 기타자산이란 영업권, 이축권, 특정시설물 이용권 등을 말한다.

보유기간과 무관하게 6~45%을 적용한다.

5. 초과누진세율

양도소득세 기본세율이란 다음의 8단계 초과누진세율을 말한다.

과세표준	세율
1,400만원 이하	과세표준의 6%
1,400만원 초과 5,000만원 이하	84만원 + 1,400만원을 초과하는 금액의 15%
5,000만원 초과 8,800만원 이하	624만원 + 5,000만원을 초과하는 금액의 24%
8,800만원 초과 1억 5천만원 이하	1,536만원 + 8,800만원을 초과하는 금액의 35%
1억 5천만원 초과 3억원 이하	3,706만원 + 1억 5천만원을 초과하는 금액의 38%
3억원 초과 5억원 이하	9,406만원 + 3억원을 초과하는 금액의 40%
5억원 초과 10억원 이하	1억 7,406만원 + 5억원을 초과하는 금액의 42%
10억원 초과	3억 8,406만원 + 10억원을 초과하는 금액의 45%

2 보유기간의 계산

세율적용 시 보유기간은 해당 자산의 취득일부터 양도일까지로 한다. 다만, 다음의 어느 하나에 해당하는 경우에는 각각 그 정한 날을 그 자산의 취득일로 본다.
① 상속받은 자산은 피상속인이 그 자산을 취득한 날
② 배우자 또는 직계존비속으로부터 증여받은 자산에 대해 이월과세 규정 적용 시에는 증여자가 그 자산을 취득한 날

✏️ 상속(가업상속 제외)받은 자산의 보유기간

세율적용 시	장기보유특별공제 시
피상속인이 취득한 날부터 상속인이 양도한 날까지	상속개시일부터 상속인이 양도한 날까지

미등기양도자산

1 미등기양도 시 불이익

32회

미등기양도 시 다음과 같은 불이익이 있다.

① **높은 세율 적용**: 미등기양도자산에 대해서는 70%의 세율이 적용된다.

② **장기보유특별공제 및 양도소득기본공제 적용 배제**

③ **저율의 필요경비 개산공제 적용**: 양도차익을 추계방법에 의해 계산하는 경우 저율(취득 시 기준시가의 0.3% 등)의 개산공제를 적용한다.

④ **비과세 및 감면 배제**: 「소득세법」상 비과세 및 「조세특례제한법」상 감면을 적용받을 수 없다.

2 미등기로 보지 않는 경우

32회

다음에 해당하는 경우에는 미등기양도로 보지 않아 위 '미등기양도 시의 불이익'을 적용하지 아니한다.

① 장기할부조건으로 취득한 자산으로서 그 계약조건에 의하여 양도 당시 그 자산의 취득에 관한 등기가 불가능한 자산

② 법률의 규정 또는 법원의 결정에 의하여 양도 당시 그 자산의 취득에 관한 등기가 불가능한 자산

③ 농지의 교환 또는 분합으로 인하여 발생하는 소득에 대하여 비과세가 적용되는 농지, 8년 이상 자경 농지 및 농지대토에 대한 양도소득세 감면을 적용받는 토지

④ 1세대 1주택 비과세대상인 주택으로서 「건축법」에 따른 건축허가를 받지 아니하여 등기가 불가능한 자산

⑤ 「도시개발법」에 따른 도시개발사업이 종료되지 아니하여 토지 취득등기를 하지 아니하고 양도하는 토지

⑥ 건설사업자가 「도시개발법」에 따라 공사용역 대가로 취득한 체비지를 토지구획환지처분공고 전에 양도하는 토지

> **참고**
>
> **양도소득세 불이익 규정**
>
> | 구분 | 미등기양도 | 비사업용 토지 | 조정대상지역 내 주택 양도 (2주택자) | 조정대상지역 내 주택 양도 (3주택 이상자) |
> | --- | --- | --- | --- | --- |
> | 세율 | 70% | 기본세율 + 10% (16~55%) | 기본세율 + 20% (26~65%) | 기본세율 + 30% (36~75%) |
> | 장기보유특별공제 | 배제 | 적용 | 배제 | 배제 |
> | 양도소득기본공제 | 배제 | 적용 | 적용 | 적용 |
>
> ➕ 2022. 5. 10.~2024. 5. 9.까지 조정대상지역 내 2년 이상 보유한 등기된 주택 양도 시 다주택자의 경우 한시적으로 기본세율 적용 및 장기보유특별공제(최대 30%) 적용

1 개요 및 납세지

1. 개요

양도소득세는 납세의무자가 스스로 신고함으로써 확정된다. 물론 신고의무를 다하지 아니하거나 과소신고한 경우에는 과세관청에서 결정 또는 경정을 하게 된다. 양도소득세는 확정신고 뿐만 아니라 예정신고 제도를 두고 있다.

2. 납세지

① 거주자의 소득세 납세지는 그 주소지로 한다. 다만, 주소지가 없는 경우에는 그 거소지로 한다.

② 비거주자의 소득세 납세지는 국내사업장의 소재지로 한다. 다만, 국내사업장이 둘 이상 있는 경우에는 주된 국내사업장의 소재지로 하고, 국내사업장이 없는 경우에는 국내원천소득이 발생하는 장소로 한다.

2 양도소득과세표준의 예정신고납부   31회·33회

1. 예정신고의무자

양도소득세 과세대상 자산을 양도한 거주자는 양도소득과세표준을 납세지 관할 세무서장에게 <u>신고하여야 한다.</u>
└▶ 강제사항이다.

2. 예정신고 납부기한

① 부동산등을 양도한 경우: 그 양도일이 속하는 달의 말일부터 2개월. 다만, 「부동산 거래신고 등에 관한 법률」에 따른 토지거래계약에 관한 허가구역에 있는 토지를 양도할 때 토지거래계약허가를 받기 전에 대금을 청산한 경우에는 그 허가일(토지거래계약허가를 받기 전에 허가구역의 지정이 해제된 경우에는 그 해제일)이 속하는 달의 말일부터 2개월

② 부담부증여의 경우: 부담부증여의 채무액에 해당하는 부분으로서 양도로 보는 경우에는 그 양도일이 속하는 달의 말일부터 3개월

③ 예정신고는 양도차익이 없거나 양도차손이 발생한 경우에도 적용한다.

3 양도소득과세표준의 확정신고납부

1. 확정신고의무자

해당 과세기간의 양도소득금액이 있는 거주자는 양도소득과세표준을 납세지 관할 세무서장에게 신고하여야 한다.

2. 확정신고 납부기한

① 양도소득과세표준을 그 과세기간의 다음 연도 5월 1일부터 5월 31일까지[토지거래계약에 관한 허가일(토지거래계약허가를 받기 전에 허가구역의 지정이 해제된 경우에는 그 해제일)이 속하는 과세기간의 다음 연도 5월 1일부터 5월 31일까지] 납세지 관할 세무서장에게 신고하여야 한다.

② 확정신고는 해당 과세기간의 과세표준이 없거나 결손금액이 있는 경우에도 적용한다.

③ 예정신고를 한 자는 해당 소득에 대한 확정신고를 하지 아니할 수 있다. 다만, 다음의 경우에는 그러하지 아니하다.

　㉠ 당해 연도에 누진세율의 적용대상 자산에 대한 예정신고를 2회 이상 한 자가 이미 신고한 양도소득금액과 합산하여 신고하지 아니한 경우

　㉡ 토지, 건물, 부동산에 관한 권리, 기타자산 및 신탁수익권을 2회 이상 양도한 경우로서 양도소득기본공제 규정을 적용할 경우 당초 신고한 양도소득산출세액이 달라지는 경우

　㉢ 주식 등을 2회 이상 양도한 경우로서 양도소득기본공제 규정을 적용할 경우 당초 신고한 양도소득산출세액이 달라지는 경우

　㉣ 토지, 건물, 부동산에 관한 권리 및 기타자산을 둘 이상 양도한 경우로서 비교과세특례(소득세법 제104조 제5항) 규정을 적용할 경우 당초 신고한 양도소득산출세액이 달라지는 경우

4 가산세

1. 가산세 부과

양도소득세 납세의무자가 예정신고납부 또는 확정신고납부를 하지 않은 경우에는 다음의 가산세를 부과한다.

① 무신고가산세

　㉠ 일반무신고가산세: 무신고한 세액의 100분의 20에 상당하는 금액

　㉡ 부정행위로 인한 무신고가산세: 무신고한 세액의 100분의 40에 상당하는 금액

② 과소신고(초과환급)가산세

　㉠ 일반과소신고(초과환급)가산세: 과소신고납부세액 등의 100분의 10에 상당하는 금액

　㉡ 부정행위로 과소신고하거나 초과신고한 경우: 과소신고납부세액 등의 100분의 40

③ 납부지연가산세: 1일당 22/100,000

2. 예정신고 불성실자의 확정신고기한 내 신고 시 가산세의 감면

무신고가산세 및 과소신고가산세의 100분의 50에 상당하는 금액을 감면한다.

3. 감정가액 또는 환산취득가액 적용에 따른 가산세

① 거주자가 건물을 신축 또는 증축(증축의 경우 바닥면적 합계가 85m²를 초과하는 경우에 한정)하고 그 건물의 취득일 또는 증축일부터 5년 이내에 해당 건물을 양도하는 경우로서 감정가액 또는 환산취득가액을 그 취득가액으로 하는 경우에는 해당 건물의 감정가액(증축의 경우 증축한 부분에 한정) 또는 환산취득가액(증축의 경우 증축한 부분에 한정)의 100분의 5에 해당하는 금액을 양도소득 결정세액에 더한다.

② 위 ①은 양도소득 산출세액이 없는 경우에도 적용한다.

🧑‍🦳 규's 출제포인트

예정 및 확정신고 관련 유의사항

예정신고	확정신고	비고
○	×	예정신고를 한 자는 해당 소득에 대한 확정신고를 하지 아니할 수 있음
○	○	누진세율적용대상 예정신고를 합산하지 않은 경우 및 산출세액이 달라지는 경우 확정신고를 해야 함
×	○	가산세 있음, 신고 관련 가산세 50% 감면
×	×	무신고가산세를 중복하여 적용하지는 아니함

5 분할납부

31회 · 33회

1. 개요

거주자로서 예정신고 또는 확정신고 시 납부할 세액이 각각 1천만원을 초과하는 자는 그 납부할 세액의 일부를 납부기한이 지난 후 2개월 이내에 분할납부할 수 있다.

2. 분할납부할 수 있는 세액

① 납부할 세액이 2천만원 이하: 1천만원을 초과하는 금액
② 납부할 세액이 2천만원 초과 시: 그 세액의 100분의 50 이하인 금액

3. 분할납부 신청

납부할 세액의 일부를 분할납부하고자 하는 자는 양도소득과세표준 예정신고기한 또는 확정신고기한까지 신청하여야 한다.

 **출제포인트**

분할납부와 물납

구분	분할납부	물납
재산세	① 납부할 세액 250만원 초과 시 납부기한까지 신청 ② 분할납부 가능금액(3개월 이내) ㄱ 500만원 이하: 250만원 초과금액 ㄴ 500만원 초과: 50% 이하의 금액	① 납부할 세액 1천만원 초과 시 납부기한 10일 전까지 신청 ② 관할구역 내 부동산으로 신청 가능
종합부동산세	① 납부할 세액 250만원 초과 시 납부기한(신고납부기한)까지 신청 ② 분할납부 가능금액(6개월 이내) ㄱ 500만원 이하: 250만원 초과금액 ㄴ 500만원 초과: 50% 이하의 금액	불가
양도소득세	① 납부할 세액 1천만원 초과 시 예정 및 확정신고납부기한까지 신청 ② 분할납부 가능금액(2개월 이내) ㄱ 2천만원 이하: 1천만원 초과금액 ㄴ 2천만원 초과: 50% 이하의 금액	불가

6 부가세

1. 납부 시 부가세

양도소득세 납부세액에 부과되는 조세는 없다. 그러나 지방소득세를 별도로 신고납부하여야 한다.
└→ 지방소득세의 납세지는 주소지 관할 지방자치단체이다.

2. 감면 시 부가세

양도소득세를 감면하는 경우 그 감면세액의 100분의 20에 해당하는 농어촌특별세를 부과한다.

| 10절 | 국외자산에 대한 양도소득세

1 납세의무자 및 과세범위

1. 납세의무자

국외자산 양도소득세의 납세의무자는 해당 자산의 양도일까지 계속 5년 이상 국내에 주소 또는 거소를 둔 거주자만 해당한다.

2. 과세범위

국외에 있는 자산의 양도에 대한 양도소득은 해당 과세기간에 국외에 있는 자산을 양도함으로써 발생하는 다음의 소득으로 한다. 다만, 다음에 따른 소득이 국외에서 외화를 차입하여 취득한 자산을 양도하여 발생하는 소득으로서 환율변동으로 인하여 외화차입금으로부터 발생하는 환차익을 포함하고 있는 경우에는 해당 환차익을 양도소득의 범위에서 제외한다.

① 토지 또는 건물의 양도로 발생하는 소득
② 다음의 어느 하나에 해당하는 부동산에 관한 권리의 양도로 발생하는 소득
    ㉠ 부동산을 취득할 수 있는 권리(건물이 완성되는 때에 그 건물과 이에 딸린 토지를 취득할 수 있는 권리를 포함)
    ㉡ 지상권   ⟶ 국내자산은 등기된 임차권에 한해 과세대상이나, 국외자산은 등기 여부와 관계없이 과세대상이다.
    ㉢ 전세권과 <u>부동산임차권</u>
③ 그 밖의 기타자산 등(영업권, 이축권, 특정시설물 이용권 등)의 양도로 발생하는 소득

2 국외자산 양도차익의 계산　　30회·31회·32회

1. 국외자산 양도가액과 취득가액의 산정방법

① 국외자산의 양도가액과 취득가액은 그 자산의 양도 당시의 실지거래가액으로 한다.
② 양도 또는 취득 당시의 실지거래가액을 확인할 수 없는 경우에는 양도자산이 소재하는 국가의 양도 또는 취득 당시 현황을 반영한 시가에 따르되, 시가를 산정하기 어려울 때에는 보충적 평가방법에 따른다.

2. 국외자산 양도소득의 필요경비 계산

국외자산의 양도에 대한 양도차익을 계산할 때 양도가액에서 공제하는 필요경비는 다음의 금액을 합한 것으로 한다.

① 취득가액
  ㉠ 해당 자산의 취득에 든 실지거래가액
  ㉡ 다만, 취득 당시의 실지거래가액을 확인할 수 없는 경우에는 양도자산이 소재하는 국가의 취득 당시의 현황을 반영한 시가에 따르되, 시가를 산정하기 어려울 때에는 그 자산의 종류, 규모, 거래상황 등을 고려하여 법령으로 정하는 방법에 따라 취득가액을 산정한다.
② 법령으로 정하는 자본적 지출액
③ 법령으로 정하는 양도비

3. 양도차익의 원화환산

양도차익을 계산함에 있어서는 양도가액 및 필요경비를 수령하거나 지출한 날 현재 「외국환거래법」에 의한 기준환율 또는 재정환율에 의하여 계산한다.

3 과세표준 및 세액의 계산

30회·31회·32회

1. 계산구조

계산구조	비고
양도가액	
(−) 취득가액	
(−) 기타 필요경비(자본적 지출액, 양도비용)	필요경비 개산공제 배제
= 양도차익	환율변동으로 인한 환차익 제외
	장기보유특별공제 배제
= 양도소득금액	
(−) 양도소득기본공제	무조건 연 250만원 공제
= 과세표준	

2. 장기보유특별공제 및 양도소득기본공제

① 장기보유특별공제: 국외자산 양도 시 장기보유특별공제는 적용하지 아니한다.
② 양도소득기본공제: 국외자산의 양도에 대한 양도소득이 있는 거주자에 대해서는 해당 과세기간의 양도소득금액에서 연 250만원을 공제한다.

3. 세율

기본세율 6 ~ 45%(중과세율 없음)

1. 이중과세 조정

국외자산의 양도소득에 대하여 해당 외국에서 과세를 하는 경우로서 그 양도소득에 대하여 국외자산 양도소득에 대한 세액(국외자산 양도소득세액)을 납부하였거나 납부할 것이 있을 때에는 외국납부세액의 세액공제방법과 필요경비 산입방법 중 하나를 선택할 수 있다.

2. 납세절차

국내자산 양도에 적용되는 규정을 준용한다(예정신고납부, 확정신고납부 및 결정, 경정 등).

3. 준용규정 등

국외자산의 양도에 대한 양도소득세의 과세에 관하여는 양도소득세의 일반적인 규정들을 준용한다.

준용하는 규정	준용하지 않는 규정
① 비과세양도소득	① 양도의 정의
② 양도 또는 취득시기	② 미등기양도자산에 대한 비과세 배제
③ 양도소득의 부당행위계산부인	③ 배우자, 직계존비속 간의 증여자산 이월과세
④ 감정가액, 환산취득가액 적용에 따른 가산세	④ 장기보유특별공제
⑤ 양도소득세의 분할납부	⑤ 기준시가의 산정

삶의 순간순간이
아름다운 마무리이며
새로운 시작이어야 한다.

– 법정 스님

여러분의 작은 소리
에듀윌은 크게 듣겠습니다.

본 교재에 대한 여러분의 목소리를 들려주세요.
공부하시면서 어려웠던 점, 궁금한 점,
칭찬하고 싶은 점, 개선할 점, 어떤 것이라도 좋습니다.

에듀윌은 여러분께서 나누어 주신 의견을
통해 끊임없이 발전하고 있습니다.

에듀윌 도서몰 book.eduwill.net
• 부가학습자료 및 정오표: 에듀윌 도서몰 → 도서자료실
• 교재 문의: 에듀윌 도서몰 → 문의하기 → 교재(내용, 출간) / 주문 및 배송

2024 에듀윌 공인중개사 한영규 합격서 부동산세법

발 행 일	2024년 2월 29일 초판
편 저 자	한영규
펴 낸 이	양형남
펴 낸 곳	(주)에듀윌
등록번호	제25100–2002–000052호
주 소	08378 서울특별시 구로구 디지털로34길 55
	코오롱싸이언스밸리 2차 3층

* 이 책의 무단 인용 · 전재 · 복제를 금합니다.

www.eduwill.net
대표전화 1600-6700